結果を出すリーダーが知っている歴史人物の知恵

NHK「先人たちの底力　知恵泉」番組制作班

秋元 康　武田信玄
平井伯昌　松下幸之助
松本 晃　太原雪斎
小松正之　岩瀬忠震
伊勢﨑賢治　勝 海舟
澤田秀雄　織田信長
松井道夫　長谷川等伯
小山薫堂　織田信長
小菅正夫　直江兼続
丹羽宇一郎　松平信綱
柳本晶一　夏目漱石
藤田 晋　鍋島直正
伊東 潤　徳川家康
田中健一　西郷隆盛
佐々木常夫　伊能忠敬
北尾吉孝　豊臣秀長
駒村純一　平賀源内

朝日新聞出版

目次

結果を出すリーダーが知っている歴史人物の知恵

第1章

未経験者で最強のチームを作るには？〈人材活用術〉

武田信玄

渋柿を切って甘柿を継ぐのは
小心者のすること。
渋柿は、渋柿のまま使え。

×

秋元 康

（作詞家）

無色透明な人には
色をつけられない。
プロデューサーの仕事は
0・1を「1」に変えること。

知恵01 やる気がある者を正社員として採用する（武田信玄）24
知恵02 褒め方にはコツがある（武田信玄）25
知恵03 会議では発言させる（武田信玄）26
知恵04 欠点を補い合えるような人事を考える（武田信玄）28
知恵05 夢までの距離を測らない（秋元 康）29
知恵06 泥だらけの原石を採用する（秋元 康）32
知恵07 0・1の可能性に気づかせる（秋元 康）35
知恵08 正当な評価こそ最大のモチベーションになる（秋元 康）36
知恵09 組織の風通しを良くしておけば運も味方する（秋元 康）37
知恵10 リーダーの仕事は、夢のベクトルの方向性をまとめること（秋元 康）40

第2章

「くすぶる人材」を開花させるには？〈人材活用術〉

松下幸之助

人を見るとき、六割は長所を見て、短所は四割に留める。短所ばかり見るようではリーダーとは言えない。

×

平井伯昌

（競泳日本代表ヘッドコーチ）

叱ることでは信頼関係は築けない。結果が出て初めてコーチを信頼するのだと思う。

知恵01 その人間の本質を見極めろ（松下幸之助）44
知恵02 長所を活用するために、短所には釘を刺す（松下幸之助）46
知恵03 叱ったあとは反応を見極めてフォローする（松下幸之助）48
知恵04 人を使うのは難しく苦労する（松下幸之助）51
知恵05 短所もやり方次第では長所に変わる（平井伯昌）53
知恵06 同じ言葉でも、人が違えばプラスにもマイナスにもなる（平井伯昌）57
知恵07 信頼関係がなければ叱っても意味がない（平井伯昌）59
知恵08 選手はごまかせない。指導者のすべてを見抜いている（平井伯昌）60
知恵09 自分を育てるのは自分自身だと気づかせる（平井伯昌）63

第3章

大切なのは「情報」ではなく、「諜報」である〈交渉術〉

太原雪斎

喉から手が出るほど
欲しがっているもの。
独自の情報ネットワークを
使って、相手の思惑をさぐる。

×

松本 晃

（カルビー会長兼CEO）

情報を取捨選択して
仮説を立てろ。
仮説の精度を高めれば、
無敵の戦略に変わる。

知恵01 相手が求めているものを知る（太原雪斎） 67

知恵02 Win-Winの関係を作り出せ（太原雪斎） 69

知恵03 大事なのは「情報」よりも「諜報」（松本 晃） 73

知恵04 準備八割、実行二割（松本 晃） 76

知恵05 九九パーセントは、五〇パーセントと知る（松本 晃） 78

知恵06 自分から動く（松本 晃） 79

知恵07 人は、買いたい人から買う（松本 晃） 81

第4章

説得には「教養と信頼」が必須である〈交渉術〉

岩瀬忠震

勝負どころでは、自分の気持ちを
包み隠さず伝える。
論理だけでは
相手を説得できない。

×

小松正之

（元水産庁・国際捕鯨委員・
アジア成長研究所客員主席研究員）

交渉の場では、
自分の人間性のすべてが
さらけ出される。

知恵01 意外な交渉カードで主導権を握る（岩瀬忠震） 85

知恵02 勝負どころでは、自分の気持ちを正直に伝える（岩瀬忠震） 89

知恵03 ときには非公式に交渉する（岩瀬忠震） 90

知恵04 先手必勝で交渉の主導権を握る（小松正之） 94

知恵05 ネゴシエーターに教養は必須（小松正之） 97

知恵06 交渉の鍵は信頼関係（小松正之） 99

知恵07 相手の望みを読む（小松正之） 100

知恵08 敵は自分の背後にいる（小松正之） 102

第5章

弱い立場を逆転させ、主導権をにぎる方法〈交渉術〉

勝海舟

相手がいちばん手に入れたいものを交渉のカードにする。

×

伊勢﨑賢治

（外務省特使・紛争地域武装解除人）

相手の弱みを見つけても、それを指摘することは絶対にいけない。

知恵01 相手の理屈で説得する（勝海舟）106
知恵02 一〇〇を要求し五〇を得る（勝海舟）109
知恵03 捨て身の交渉で道が開ける場合がある（勝海舟）110
知恵04 相手の心理状況を予想する（勝海舟）112
知恵05 目先の利益でなく、中長期的な視点に立って交渉する（伊勢﨑賢治）113
知恵06 相手の弱みを見抜いても知らぬふりをする（伊勢﨑賢治）116
知恵07 できない約束は絶対にしない（伊勢﨑賢治）119
知恵08 交渉の場には丸腰で行く（伊勢﨑賢治）120
知恵09 幅広い人脈を築いておく（伊勢﨑賢治）122

第6章

正しいことをやっていれば、ルールは変わる〈既得権の打ち破り方〉

古い管理システムを変えて、
日本に流通経済を導入する。

織田信長

×

澤田秀雄

（株式会社エイチ・アイ・エス代表取締役会長・
ハウステンボス株式会社代表取締役社長・
澤田ホールディングス株式会社代表取締役社長）

既得権者の抵抗よりも、
お客さまのニーズに応える。
その感動が本物なら、
対価は支払われる。

知恵01 チャンスは不満解消にある（織田信長） 126

知恵02 リスクを恐れず、逆を張る（織田信長） 130

知恵03 変化する時代のニーズに即応する（織田信長） 133

知恵04 不満と疑問を
ビジネスの出発点にする（澤田秀雄） 135

知恵05 正しいことをやっていれば、
自ずとルールは変わる（澤田秀雄） 136

知恵06 そこでしか味わえない
感動を与える（澤田秀雄） 139

知恵07 「時代に合っているか」「社会のためになるか」
と問いかける（澤田秀雄） 143

第7章

「執念ある者」たちで集まれ〈既得権の打ち破り方〉

長谷川等伯

「狩野派」という巨大な既得権に立ち向かい、自身のスタイルを磨き上げた。

×

松井道夫

（松井証券代表取締役社長）

経営に教科書はない。時代を読み抜き、可能性から発想せよ。

知恵01 相手の特技を徹底的に研究する（長谷川等伯） 149
知恵02 ときには退路を断って挑む（長谷川等伯） 150
知恵03 得意な技で活路を開く（長谷川等伯） 152
知恵04 お客さん側の利害に立って考える（松井道夫） 154
知恵05 自分がコントロールできないものとは戦わない（松井道夫） 156
知恵06 「時代の流れ」を読みきる（松井道夫） 158
知恵07 会社が永遠につづくなど、夢にも思うな（松井道夫） 161
知恵08 良いものは残し、変えるべきは変える（松井道夫） 162
知恵09 不自然なものは、やがて淘汰される（松井道夫） 163
知恵10 組織を構成する「個」が主役（松井道夫） 165

第8章

ストーリーとしてのブランディング〈戦略の立て方〉

織田信長

「自分プレゼン力」の天才。
〝信長〟というブランドの名プロデューサー。

×

小山薫堂

（放送作家・脚本家）

小さな違いでも、
見せ方を変えれば
ストーリーが誕生する。

知恵01 シンボルを生み出し衝撃を与えよ（織田信長） 169
知恵02 「お・も・て・な・し」、人脈作りは場にこだわれ（織田信長） 173
知恵03 メイドインジャパンの伝統を生かせ（織田信長） 176
知恵04 くまモンは「人を結びつける力」がある（小山薫堂） 178
知恵05 損得勘定抜きの人脈を作る（小山薫堂） 182
知恵06 「脂身」を切り捨てない（小山薫堂） 184
知恵07 すでにあるモノを組み合わせてみる（小山薫堂） 185
知恵08 くすっと笑ったことが企画のタネになる（小山薫堂） 186
知恵09 アイデアは体を動かして探す（小山薫堂） 189
知恵10 見せ方を変えればストーリーが生まれる（小山薫堂） 190

第9章

一人一人が主役にならなければ危機は突破できない〈ピンチ脱出術〉

直江兼続

上に立つ者は、部下よりも多く痛みを引き受けねばならない。

×

小菅正夫

（獣医師・前旭山動物園園長）

ピンチのときほど大局を見据えて判断する。

知恵01 ときには奇策を使え（直江兼続） 195

知恵02 筋の通らない妥協をしない（直江兼続） 196

知恵03 上に立つ者は、部下よりも多く痛みを引き受けねばならない（直江兼続） 199

知恵04 金はなくても人さえいれば何とかなる（直江兼続） 201

知恵05 長期的に見れば、嘘をついたらいいことはない（小菅正夫） 204

知恵06 困ったときは原点に帰る（小菅正夫） 206

知恵07 みんなが主役にならなければ、ピンチは切り抜けられない（小菅正夫） 208

知恵08 リーダーに表看板、裏看板があってはいけない（小菅正夫） 210

知恵09 マイナスも見方を変えればプラスになる（小菅正夫） 213

第10章

危機においてこそ、リーダーは決断力を問われる〈ピンチ脱出術〉

松平信綱

先人たちの知恵を心にとめる。
そうすれば誰でも
知恵者になれる。

×

丹羽宇一郎

（前伊藤忠商事株式会社取締役会長・
前中華人民共和国駐箚特命全権大使）

「社長が一緒になって
戦っている」という信頼が
部下を動かす。

知恵01 ピンチのときこそ、休む（松平信綱） 219
知恵02 情報を収集し、心理戦で勝つ（松平信綱） 221
知恵03 ときには独断で決める（松平信綱） 222
知恵04 先人の知恵に学ぶ（松平信綱） 224
知恵05 悲観的に考え、楽観的に行動する（丹羽宇一郎） 227
知恵06 部下からの信頼を固める（丹羽宇一郎） 228
知恵07 大きな勝負では独自の情報源が不可欠（丹羽宇一郎） 230
知恵08 人は仕事で磨かれ、人は読書で磨かれ、人は人で磨かれる（丹羽宇一郎） 233

第11章

個性を見抜いて、個性を刺激する〈若者の能力を引き出す〉

夏目漱石

作家志望の若者の面倒をみてデビューさせる。まさしく文壇の名プロデューサーだった。

×

柳本晶一

（前全日本女子バレーボール監督）

我慢が一番大切。選手が十二人いたら、十二通りの我慢をしないといけない。

知恵01 若者の趣味やバックグラウンドを見抜く（夏目漱石） 237
知恵02 ときには、考えさせる（夏目漱石） 238
知恵03 褒めて、ハードルを課して、成功後の姿を示す（夏目漱石） 241
知恵04 挫折を力に変えさせる（夏目漱石） 244
知恵05 純粋さを消さないような指導をする（柳本晶一） 246
知恵06 男子と女子の指導方法は違う（柳本晶一） 248
知恵07 穴が開くほど選手を見つづける（柳本晶一） 251
知恵08 選手を信じて突き放す（柳本晶一） 254

第12章

挑戦した結果の失敗には、セカンドチャンスを与える〈若者の能力を引き出す〉

リーダーがまず範を示す。

鍋島直正

×

藤田　晋

（サイバーエージェント代表取締役社長）

若い時期は、効率より場数。場数を踏んで、痛い目にも遭ってもらう。

知恵01　外から人を呼び込み、チームを活性化させる（鍋島直正）259

知恵02　リーダーがまず範を示す（率先垂範《そっせんすいはん》）（鍋島直正）261

知恵03　百回失敗しても、くじけるな（百折不撓《ひゃくせつふとう》）（鍋島直正）262

知恵04　人材は刻苦勉励《こうくべんれい》で磨かれる（鍋島直正）265

知恵05　失敗は会社の資産（藤田　晋）267

知恵06　人は任せて伸ばす（藤田　晋）268

知恵07　会社を変えるには、社長も現場に出て仕事する（藤田　晋）269

知恵08　撤退ラインを決めておく（藤田　晋）271

知恵09　自分を変えることに慣れさせる（藤田　晋）272

知恵10　実力主義型終身雇用で社員のやる気を引き出す（藤田　晋）274

第13章

上司のタイプを四つに分析する〈上司との付き合い方〉

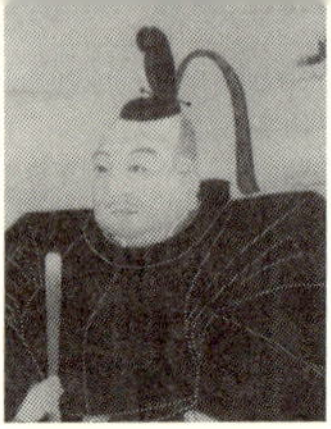

徳川家康

情勢を見極める冷静な目。
上司に合わせて
自分を変える。

×

伊東 潤
（作家）

嫌いな相手からも
学ぶべきを学ぶ。

知恵01 ここぞというところではキレる（徳川家康） 279
知恵02 主君の得意分野に挑む（徳川家康） 282
知恵03 敵であっても優れた技なら、それを盗み、学ぶ（徳川家康） 284
知恵04 上司との付き合い方の黄金比「八対二」（伊東 潤） 286
知恵05 四タイプ別、上司との付き合い方（伊東 潤） 289
知恵06 嫌いな上司からも学ぶ（伊東 潤） 292
知恵07 自分を知る（伊東 潤） 294

第14章

「私心」に惑わないようにする〈こじれた人間関係解消法〉

西郷隆盛

私利・私欲を捨てて、人を助けることが、己を救う。

×

田中健一

（元東レインターナショナル社長・元蝶理社長）

人生、短期決戦ではない。

知恵01 自分が苦しいときこそ、他人を助ける（西郷隆盛）299

知恵02 外部との連絡を閉ざさない（西郷隆盛）303

知恵03 第三者の推挙が最強のバックアップ（西郷隆盛）304

知恵04 上司は、第三者からの評価に動かされる場合がある（田中健一）306

知恵05 辛い経験や上司の教えは、二十年後には財産に変わる（田中健一）311

知恵06 「私利・私欲」を捨てる（田中健一）312

知恵07 上司には、部下を不幸せにする権利はない（田中健一）315

第15章

志さえあれば、人は何歳からでも成長できる〈ミドルからの挑戦〉

伊能忠敬

日本全地図という仕事は、
自分の天命である。

×

佐々木常夫

（元東レ経営研究所社長）

良い習慣を持っていれば、
毎日確実に成長して、
才能ある人を抜いていく。

知恵01 ひたむきに打ち込めば理解は得られる（伊能忠敬） 319
知恵02 家族の理解が挑戦を支える（伊能忠敬） 322
知恵03 技術は惜しまず伝授する（伊能忠敬） 324
知恵04 習慣は才能を超える（佐々木常夫） 326
知恵05 手紙だから伝えられること（佐々木常夫） 330
知恵06 年下だって、「先生」（佐々木常夫） 332
知恵07 強い組織は「個々人の強みの集大成」（佐々木常夫） 333
知恵08 自分以外の何かのために働く（佐々木常夫） 335

第16章

組織の鍵はナンバー2にあり〈参謀論〉

豊臣秀長

孤独なリーダーの理解者となって、組織をまとめていく。

×

北尾吉孝

（SBIホールディングス代表取締役執行役員社長）

トップの気分を害すること、トップが不利な状況になることでも口に出す。

知恵01 誠実さこそが最大の武器（豊臣秀長） 339

知恵02 あえて怒られ役になれ（豊臣秀長） 340

知恵03 ナンバー2はトップに意見できなければならない（北尾吉孝） 343

知恵04 トップに意見するときの二通りのやり方（北尾吉孝） 347

知恵05 ナンバー2はトップと志念を共有する（北尾吉孝） 349

知恵06 ナンバー2は徳性の高い人格者でなければならない（北尾吉孝） 351

第17章

失敗の副産物を見逃すな〈イノベーションの起こし方〉

平賀源内

ボールは一度地面に
打ちつけられることで、
高く跳ね上がる。
失敗を恐れてはいけない。

×

駒村純一

（森下仁丹代表取締役社長）

失敗した事業を
すぐ廃止しない。
機が熟すのを待ち、
タイミングが来たら再開する。

知恵01　怒りを原動力に変える（平賀源内）355
知恵02　自由な語らいのなかにヒントがある（平賀源内）358
知恵03　模倣のなかからオリジナリティが生まれる（平賀源内）360
知恵04　失敗の副産物を見逃すな（平賀源内）362
知恵05　自分が持っている強みを、もう一度、棚卸しする（駒村純一）365
知恵06　異業種の見解に発想の「種」がある（駒村純一）366
知恵07　失敗したら、しばらく寝かせる（駒村純一）369
知恵08　真似するなかに独自の工夫を（駒村純一）371

「知恵泉」鑑賞ガイド　あとがきにかえて
井上二郎（ＮＨＫアナンサー）　374
番組記録　ＮＨＫ Ｅテレ『先人たちの底力　知恵泉』　379
番組制作スタッフ　380
書籍制作スタッフ　381

結果を出す
リーダーが
知っている
歴史人物の知恵

第1章

未経験者で最強のチームを作るには?〈人材活用術〉

武田信玄 × 秋元康(作詞家)

武田信玄

渋柿を切って甘柿を継ぐのは
小心者のすること。
渋柿は、渋柿のまま使え。

武田信玄は、日本史上でも屈指の名将と謳われた。しかし最初から優れたリーダーであったわけではない。若い頃は戦《いくさ》で連敗がつづき、苦労の連続だった。二十一歳の若さで家督を継いだ信玄に対して、家臣は決まり事を無視し、勝手に関所を開いては領民から通行税を徴収するなど、やりたい放題だった。そのような状況のなかで、信玄はどのようにして最強の軍団を作っていったのか？

知恵 01
やる気がある者を正社員として採用する

信玄が最初に行ったことは、大胆な組織改革だった。やる気がある者を募り、積極的に採用した。

武田家の菩提寺には、信玄と彼を支えた最も重要な武将二十三人を描く「武田二十四将図」が残っている。

例えば、十六歳の若さで仕えた高坂弾正《こうさかだんじょう》（昌信）は、農家の次男から抜擢された。後に弾正は、上杉軍の攻撃の防御にあたるなど、敵陣を悩ませた知将となる。

また、二十四歳だった内藤昌秀《ないとうまさひで》は、父親が信玄の父・信虎の怒りに触れ殺されたために、一族で流浪していたところを拾われている。

信玄は、**農民だろうが牢人だろうが**、自分が見込んだ若者たちを屋敷に住まわせ、寝食を共にして武将としてのノウハウを徹底的に叩き込んだ。そして**使えると判断したら「正社員」として採用した**のだった。

知恵02 褒め方にはコツがある

信玄は、弾正や昌秀のような幹部ばかりでなく、現場の一兵卒の活躍にも注意を払うことを怠らなかった。例えば彼らが武功を立てたら**すぐに褒めた**。たとえ一日でも遅くなったら効果は半減してしまうと思っていたのだ。

そのため、大量の着物、刀、金などの「現物」を褒美用として戦場に持ち込んでいた。例えば、下級武士の河原村伝兵衛《かわはらむらでんべえ》が、戦場で手柄をあげたときのことである。信玄はすぐに陣中に呼び出し、皆の前で大激賞し「碁石金」と呼ばれる金を三すくい手渡した。河原村は、現在の経済で換算すれば、およそ**百五十万円ともいわれる臨時ボーナス**を受けとったようなものだった。

●部下たちにフレックスタイム制をすすめた

信玄は、現代でいえば「フレックスタイム制」を取り入れた珍しい武将だった。戦国時代、大名の家臣たちは二十四時間待機があたりまえだったところを、**朝・昼・夜の三つに分けて、そのうちの二つを自分に仕えてくれれば良し**とした。

知恵03 会議では発言させる

信玄の会議は長かった。それは家臣たちに発言させるためだった。**自分で考えさせることで、自ずと当事者意識が芽生える。**

未経験者が集まった組織の場合、トップダウンではなく、ボトムアップ型の会議にしたほうがメリットが大きいと判断し、自由活発な意見を言える雰囲気を重視した。議題は広い範囲におよび、土地をどのように開発するか、税金をいくらにするか、戦を始めるかどうかさえ会議にかけたという。

●自分が言い出したことに責任を持たせる

家臣が出したアイデアが、重要な戦の決め手となったことがある。

元亀三年（一五七二）、上洛を決めた信玄は、徳川家の本拠地である三河に向かおうとする。しかし主要な街道は徳川方に押さえられ、移動のルートが見つからなかった。

そのとき家臣のひとり山県昌景《やまがたまさかげ》が出したアイデアは、「天竜川を渡る」というものだった。ところが川の流れが速く、そこは徳川の領地だった。渡りやすい浅瀬を見つけることは不可能に近い。

山県は、徳川軍が、天竜川を渡るところをキャッチすれば、自ずと浅瀬を見つけられると提案。何日も観察しつづけた。

そして見事に、徳川軍が浅瀬を渡っている現場を目撃する。やがて武田軍は、その浅瀬を渡って三河に進み、徳川軍を粉砕することに成功したのだった。

知恵 04

欠点を補い合えるような人事を考える

信玄ほど人事について考え抜いた武将はいなかった。

「渋柿を切って甘柿を継ぐのは小心者のすること。渋柿は、渋柿のまま使え」とは、信玄が残した名言のひとつである。

あるとき信玄は、タイプの違う部下同士を組み合わせ、お互いを補いながら仕事に当たらせるという異例の人事をする。

永禄十二年（一五六九）、難攻不落といわれた小田原城に兵を進めた信玄は、主力部隊を内藤昌秀に、そのとなりに馬場信春《ばばのぶはる》を配置した。

内藤は勇猛果敢な武将だったが、**頭に血が上ると周りが見えなくなり、軽率な行動をとる**癖があった。このときも勝ちに乗じて敵を深追いしはじめた。

この行動にすぐに気がつき諫《いさ》めたのが馬場である。信玄はこうした事態を想定し、内藤軍の近くに馬場軍を置いたのだった。逆に、馬場は寡黙で冷静だが、**自負心が強く、融通が利かない**という欠点を持っていた。そこで気軽にものを言って物事を解決する内藤と組ませ、馬場の欠点を補わせた。

秋元　康

無色透明な人には色をつけられない。
プロデューサーの仕事は
0・1を「1」に変えること。

アイドルグループＡＫＢ48の総合プロデューサーとして知られる秋元康《やすし》。アイドルに「昇格」や「人事異動」の概念をとり入れ、国民的な人気グループに押し上げていった。まさに「人材を活かす」ことにかけては、当代きっての知恵の持ち主だ。秋元康は、武田信玄の人材活用術を、どのように読み解くのか?

知恵 05
夢までの距離を測らない

未経験者の強みは、**夢がどれくらい遠い場所にあるのか測れない点**。ですので、やみくもにトライします。

AKB48も集まったときは、ほとんどが素人でした。芸能の仕事をしたことがない女の子たちが集まったので、何かやろうとしたときも、「これは難しい」とは言いませんでした。

劇場を作って、毎日公演をやって、客席を満員にしよう。そう言ったときに、**「あ、面白そう、それやりましょう」**と反応する。たぶん経験者が入っていたら、「もうちょっと有名な人を出さないとお客さんは来ないですよ」となっていたと思うのです。

●西武ドームのコンサートでは倒れるメンバーまで出た

AKB48はすべてを「可視化」したアイドルグループです。実力がないところからレッスンして、だんだん成長していく姿を見ることができる。

野球未経験者たちが集まって甲子園を目指すようなもの。もともと上手く見せようという気は全くありませんでした。むしろ、彼女たちの良いところも悪いところもすべて見えるようにしました。**内野ゴロでもピッチャーゴロでも、全力で一塁に走るのが良いのだ**と言ってきました。

たとえば、西武ドームでコンサートをやったときも、初めて大きなところでやった

AKB48のフルメンバーが集まっている全体写真（2015年１月現在）。
©AKS

ので配分が分からない。最初から最後まで全力を出してしまうので、途中で過呼吸になったり、倒れたり、熱中症になったりするメンバーが出てしまった。

場慣れしたミュージシャンならば、そういうことは絶対にしません。しかしＡＫＢ48というのは、どうなるか分からない状態をファンのみなさんも一緒になってハラハラ見ている。

予定調和では、お客さんを感動させることはできないのです。

知恵06 泥だらけの原石を採用する

僕は、すでにできあがったものではなく、むしろ泥だらけの原石のような人材を採用します。オーディションをやると、綺麗な子、スタイルの良い子、何年もレッスンを積んでダンスが上手な子が、たくさん来ます。

確かに輝くものがある。部分的に見ればダイヤモンドなのかもしれません。しかし、**全体の輝きとしては物足りない**気がします。

僕たちは新しいものを作りたいので、あえて泥だらけの原石を採用しました。それは僕にとっても勇気がいります。でも考えてみれば、信玄が生きた時代と違って、命のやりとりをしているわけではないのです。負けたところで死ぬわけではない。

僕は、今この時代だからこそできる「試してみること」をもっと有効に使っていいと思う。失敗したらもう一度やり直せばいいのです。

●前田敦子をセンターに抜擢した意図とは

最初に、前田敦子をセンターにさせたのもある種の「試み」でした。なぜ彼女をセンターにしたのかといえば、彼女が**「センターにはなりたくない」**と言ったからです。みんながセンターを目指しているときに、それをやりたくないと言う人の方が、何かを起こすのではないかと思いました。

前田はセンターになりたくないと泣くし、ファンには大反対されました。でも、前田は少しずつ形を変え、雨で泥が流されて、少しずつ輝き、卒業する頃には不動のセンターにまで成長してくれた。

恥ずかしいと言ってファンと目を合わすこともできなかった子が、さいたまスーパーアリーナで二万五千人のファンの前で堂々と卒業を宣言するというストーリーを見せてくれました。

これは、前田の成長ストーリーを知っていたファンにとって、努力は報われると実

東京ドームで行われたAKB48のコンサート。前田敦子は、超満員のファンを前に別れの言葉を告げ、AKB48から卒業した。（右は篠田麻里子／2012年８月26日）

感じた瞬間でもありました。

知恵07

0・1の可能性に気づかせる

人材を活かすには、色々な苦労があります。ＡＫＢ48グループも全員合わせると二百五十人以上（注・番組放送時の人数）になっている。そういう一人一人をちゃんと見て、適材適所にあてはめることが理想です。

プロデュースの仕事というのは、0を1にすることではありません。いくら僕でも、**無色透明なものに色をつけることはできません**。僕は、0・1を、1にすることがプロデューサーの仕事だと思っています。

なのでメンバーには、たえず自分の持ち味は何なのかを考えるように言っています。たとえば、仲谷明香《なかやさやか》（現在は脱退）という子は、選抜メンバーになれない自分のことを書いて、『非選抜アイドル』（小学館101新書）というベストセラーを出しました。彼女は、自分は前田敦子にはなれないけれど、逆に、選抜メンバーに入る力がないこところが、己の持ち味であることをしっかり冷静に見ていました。

リーダー（プロデューサー）の仕事というのは、**どのような色でもいいから、本人**

が0・1だけでも持っているものを自覚させてあげることです。信玄は、みんなの0・1を探して、褒美などを使って気づかせていたのではないでしょうか。

●人事異動が必要になるタイミングがある

ベランダにいくつもの鉢植えがあるとします。日が射してきて花が咲く鉢もあれば、日陰になってしまい咲かない鉢も出てくる。

いちばん辛いのは、すごく努力していて才能もあるのに、なかなか日が当たらない子がいることです。

そういう人には、**今は日陰かもしれないけれど、太陽は必ず動くから、日が当たるときが来る**と言います。それでも難しい場合は、「人事異動」をしたり、「シャッフル」をしたりして、チャンスが回ってくるようにします。

知恵08 正当な評価こそ最大のモチベーションになる

誰かの夢がかなうと連鎖反応を起こして、自分も自分もというふうになります。だから褒美というのは、**「メッセージ」**です。手柄をあげた本人にあげるだけではなくて、**その後ろにいる人たちにも、あげている**。

信玄は出世ルートを示して部下のやる気を引き起こしましたが、ぼくはメンバーのやる気を引き起こすために、最も必要なものは正当な評価だと思います。ときには、**悩んでいることを言い当てる**ことをします。

高橋みなみは、キャプテンで荷が重い立場にいます。年上にも、あるいは自分よりも人気があるメンバーにも、言うことは言わなければいけない。それが彼女にとって何よりも辛い。しかしそれは、彼女にとって決して無駄な経験ではありません。

高橋みなみには、**「嫌われる勇気を持ちなさい」**と言いました。誰からも好かれるような人は、ある意味「平均的な人」であって、ファンの心をつかめません。

今はもうメンバーが二百五十人以上(注・番組放送時の人数)になってしまい、設立当初のときのような感じで向き合うことが難しい。研究生の小さな芽をいかに拾うことができるか、これがAKB全体の課題です。

知恵09

組織の風通しを良くしておけば運も味方する

信玄が作った組織について感じるのは、**風通しの良さ**です。僕は劇場がスタートし

秋元康

た頃は、毎日劇場に行って、フロアのテーブルに座って、公演を見にきてくれるお客さんと話をしていました。

すると、**お客さんたちが、「劇場のカフェで働いている女の子がすごく可愛いですよ」**と言うのです。それが篠田麻里子でした。それでみんなの声を取り入れて、彼女をAKBに入れようとなったのです。

そういった風通しの良さというのは、組織が活性化するためには大事です。

それにプラスして、運の良し悪しというのがあります。

信玄がどう思っていたかは分からないのですが、人との巡り合いというのは、最終的には縁とか、気の流れみたいなものがあります。スター性のある子の噂というのは、何かしらの方法で、こちらに届いてきますし、何らかの形で絶対に巡り合うことができる。篠田麻里子がいい例ですね。

ファンのみなさんや劇場の支配人やアルバイトのスタッフからの何でもない一言がヒントになったこともあります。「選抜メンバーが固定じゃつまらない」という話を受けて、ファンの投票によって選抜を決める「総選挙」が誕生したわけですから。

知恵10

リーダーの仕事は、夢のベクトルの方向性をまとめること

ＡＫＢは十代、二十代の多感な思春期の女の子たちの集まりです。ぶつかることもあるかと当初は心配した時期もありましたが、グループというものはだんだん折り合いを付けていくものだ、というのが僕の実感です。

人間関係は、決して綺麗事ではありません。全員が全員と仲良くなれるわけでもない。反りが合わない者同士だって出てくる。むしろ出てこないほうが不思議です。それでも合わないなら合わないなりに、お互いが体を少しずつ、ずらすようにしている。

そういうことが可能なのは、**夢というベクトルがあって、それが同じ方向を向いているから**だと思うのです。同じ夢に向かって走ることだけは全員が全力疾走でやる。それは集団の面白さです。

●高橋みなみと前田敦子の名バッテリー

信玄は、欠点があるなら、組み合わせて使えと言っていますが、僕の場合は高橋み

2014年12月８日、AKB48グループの総監督も務めている高橋みなみは、10周年をめどにAKB48からの卒業を電撃発表した。©AKS

なみと前田敦子の関係がそうでした。

高橋がキャプテンで、彼女は前田敦子をエースにしないといけないのだと思って後ろから支える。前田敦子は、喋りも決して上手ではなくて、マイペースなところもありますから、高橋も困ったことがあると思うのですが、それでも前田敦子を守りながら、成長させようとする。

前田敦子は前田敦子で、高橋みなみを立てて、どんなときでも高橋の言うことは聞く。だけど自分のペースは崩さない。

この組み合わせは、**野球のバッテリーみたいなもの**です。こういう関係が自然と生まれるのは、とても難しいと思うのですが、それが一度できてしまえば、**他のメンバーにも引き継がれていく**のも集団の面白いところです。

第2章

「くすぶる人材」を開花させるには？〈人材活用術〉

松下幸之助 × 平井伯昌

（競泳日本代表ヘッドコーチ）

松下幸之助

人を見るとき、六割は長所を見て、短所は四割に留める。短所ばかり見るようではリーダーとは言えない。

明治の後半に農家に生まれた松下幸之助は、一般家庭に電気が普及し始めた大正七年（一九一八）、二十三歳のときに、家族三人で町工場を始めた。しかし、いつ潰れるか分からない町工場に、優秀な人材が来ることもない。頼りにするのは「問題児」と呼ばれる者ばかりだった。ところが幸之助は、そうした社員の能力を見抜き、長所を活用することで会社を急成長させていく。松下幸之助の人材活用術とは何か？

知恵 01
その人間の本質を見極めろ

創業から五年後、幸之助は取引先の社長から、新入社員の愚痴を聞かされる。社員の名前は、中尾哲二郎、二十二歳。**上司や先輩にたてつき**「問題児」のレッテルを貼られていた。

ある日、幸之助は、仕事をしている中尾を見かける。見事な手つきだった。一心不乱に作業する姿を見て、これがあの問題児なのか——そう思った幸之助は、中尾の職歴などを根掘り葉掘り調べたのだった。

すると、八歳の頃から親の工場を手伝い、様々な技術を身につけているという。幸之助は、クビにされそうになっていた中尾を「うちで面倒をみる」と引き抜いた。

この頃、幸之助は電気こたつを世に送り出したいと考えていた。当時は炭を使ったこたつが主流で、一酸化炭素中毒による死亡事故が続出。電気こたつも出回り始めていたが、値段が高いうえに性能が悪く、使用中に火を噴くこともあった。

この開発を任されたのが中尾である。**改善力が抜群で、言うべきことを恐れずに言う**中尾の性格が、電気こたつの開発には必要だと幸之助は考えた。

幸之助の読みは当たる。

中尾は社内の先輩たちの試作品を厳しくチェックし、技術的な課題に真っ向から挑んだ。一方で、市場に出ている製品を全部買い集め、それらを分解して研究し、事故原因を究明した。

そして昭和四年（一九二九）、電気こたつは完成する。発売を開始するや、四、五年で市場シェアを八割まで占めてしまうほどのヒット商品となったのだった。

知恵02 長所を活用するために、短所には釘を刺す

昭和二十年（一九四五）、日本は敗戦。復興へと歩み始めたものの、経済状況はどん底だった。GHQによって資産を差し押さえられた幸之助は、社員の給料や税金が支払えなくなり、「滞納王」と揶揄《やゆ》されていた。

やむなく七千人の社員のうち、九百人の退職者を募るなど、大幅なリストラを断行、創業以来の最大の危機に陥った。

昭和二十七年（一九五二）、幸之助は巻き返しをかけた一大プロジェクトに乗り出す。当時、電子部品の分野で世界最先端の技術をもっていた、**オランダのメーカー「フィリップス」との技術提携を決めた**のだった。そして一〇万平方メートルの土地に、巨大な工場を建設し、海外から最新鋭の機械を導入、外国人技師を招くことにした。

●言いたいことがあったら五年待て

このとき、幸之助はある不安を抱いていた。外国企業との提携は全くの初めて。外国人の指導に、従業員がどのような反応を見せるのか、読み切れなかったのである。

そこで現場をまとめる工場長に選んだのが、三由清二《みよしせいじ》という男だった。中学の卒業と同時に働き始めた三由は、ミスを許さない完璧主義者。また、部下を連れて毎晩のように夜の町へ繰り出すなど、人望も厚く、統率力に優れていた。

しかし欠点があった。気性が激しくて喧嘩っ早い。その強烈な短所が、出世を遅らせていた。役人を接待しているにもかかわらず、会社を馬鹿にされると相手を突き飛ばす。労働組合が賃上げを求めたときも、会社が経営難なのに何をいうのかと、組合員を一喝したりした。

三由がトラブルを起こすたびに周囲をなだめてきた幸之助は、三由を呼び出して、今回の提携が社運を決するものであると説明し、次のように釘を刺したという。**「きみは、ケンカっぱやいから、ケンカするなよ」「フィリップスとは仲良くやれ、言いたいことがあったら五年経ってからのことにしようじゃないか」**

昭和二十九年(一九五四)、新工場が完成し、いよいよ外国人技術者を迎え入れる。ところが、従業員たちはフィリップスの指示に従わず、好奇心の赴くままに最新機械を動かし始めた。当然、外国人技術者との間に険悪なムードが漂い出す。

ここで、三由が大号令をかけた。「習うときはとことん習え」「妙な雑念は入れるな」「フィリップスの言う通りにいっぺん作ってみてくれ」と。こうして持ち前の統率力を発揮して、三由は、技術提携を軌道にのせていったのだった。

松下幸之助の言葉に、**「人を見るとき、六割は長所を見て、短所は四割に留める。短所ばかり見るようではリーダーとは言えない」**というものがある。たった三人で町工場を始めた苦労人の幸之助が、試行錯誤のなかから導き出した、奥深いメッセージである。

知恵 03 叱ったあとは反応を見極めてフォローする

創業から十年あまり経った昭和四年、世界恐慌が起こり、著しく景気が悪化する。多くの企業は製品を値下げして、売り上げを確保することで危機を乗り越えようとした。

しかし幸之助は、全製品の値下げを禁止した。**社員の給料を守り、よりよい製品を生み出す開発費を維持するため**だった。

人の短所を見るか長所を見るかで評価は異なる

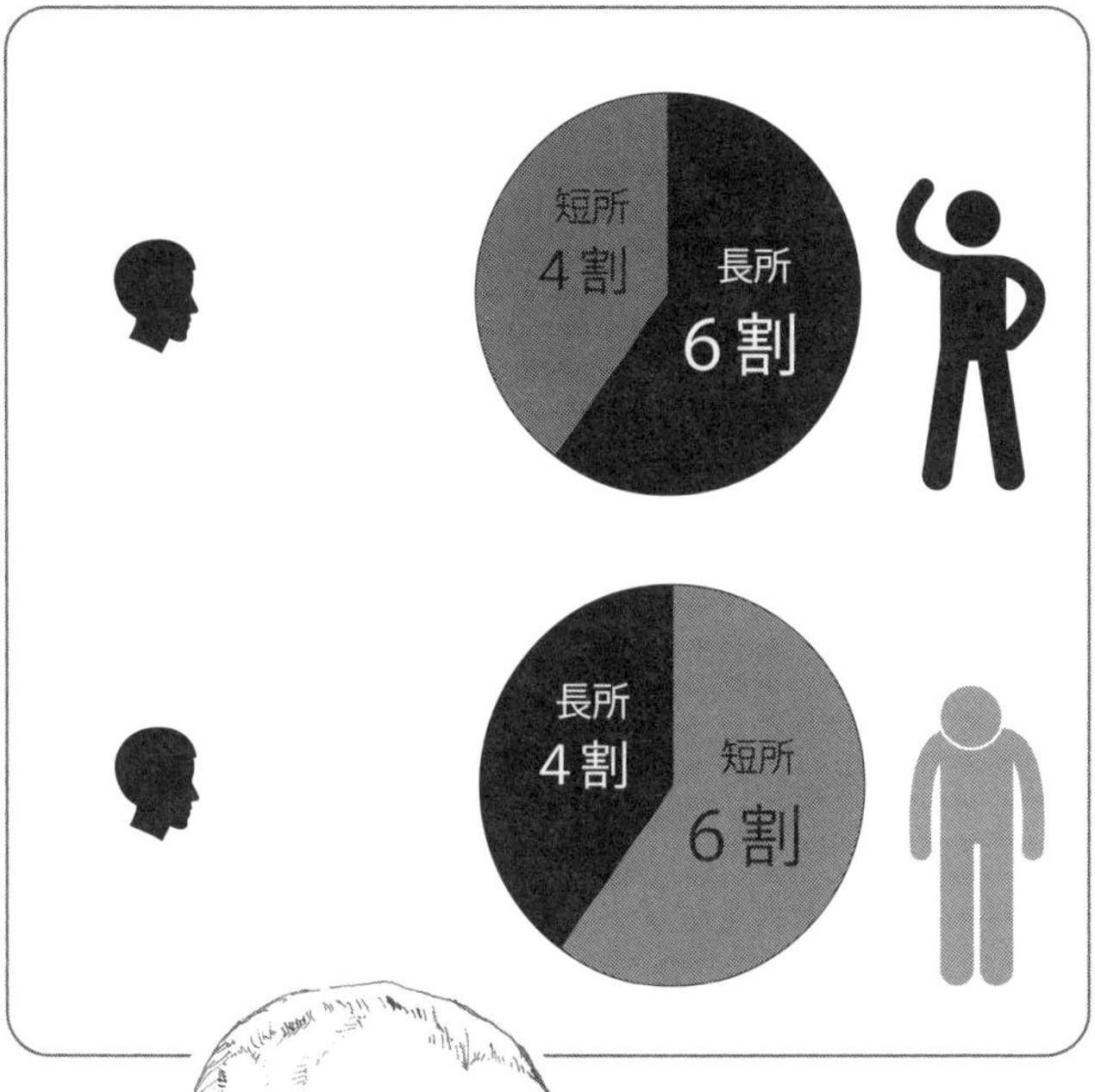

松下幸之助

だが、後藤清一《せいいち》という工場長が、独断で自転車用ランプを値下げしてしまう。後藤は他社が値下げによって販売シェアを伸ばしているのを耳にして、自分も同じ方法で対抗しようとしたのだった。

これを聞いた幸之助は、夜の十時を過ぎているのにもかかわらず、後藤を自宅に呼びつけて三時間以上も説教をした。季節は冬、幸之助は火箸が曲がるほど石炭ストーブを叩いて激しく怒る。これをまっすぐに直せと言われて、後藤は意識を失ってしまったという。

●場所や言い方を選んで伝える

翌日、幸之助は工場にいる後藤に電話をかけた。声の調子から落ち込んでいると察知した幸之助は、後藤を自宅に食事に誘う。一切説教はせずに、世間話をした。そして縁側で果物を食べながら、静かに仕事の話を切り出すのだった。

「おまえの目的は非常に素晴らしい。しかし、それを実行する手立て、手段がまずい。いくら最短距離と言っても、**田んぼを真っ直ぐ歩いたら足が汚れてしまう**。しかし周りには畦道《あぜみち》がある。少し遠回りでも、結局はこれが早道だ」

幸之助は、激しく叱ったあとのフォローを欠かさなかった。場所や表現を選び、相手が心から納得するまで指導したのだった。

後藤は、のちに関係会社の三洋電機の副社長にまで上りつめるが、このときに幸之助から言われた「目的とそれを完成さすための手段、方法について特に考えないかんで」という言葉をいつまでも忘れなかった。

知恵04

人を使うのは難しく苦労する

また、幸之助が部下を叱るときに考えていたのは公平性である。商品を売っていれば、お客からクレームが来る。松下電器にも幾度となくお客から連絡が入ってきた。

しかし、幸之助は即座に部下を叱りつけなかった。間違っているのは誰か、**事実を必ず確認した**。そして、**部下が正しいときは部下の肩をもった**のだった。

幸之助が大事にしたかったものは、部下との信頼関係であった。褒めるも叱るも、信頼関係が築けていて初めて意味をなす、幸之助はそう考えていた。

●人を使うにはパワーが必要である

幸之助も嬉々として人を使っていたわけではない。**「人を使うは苦を使う」**とは幸之助が好んだことわざの一つである。人が人を使うことは難しい、苦労するものだということを前提にして人を使った。

幸之助は、社長は会社の中で一番心配をしなくてはいけないと思っていた。それに社長は〝心配引き受け所〟なのだから、遠慮なく言ってこいと、機会あるごとに社員に言っていた。

だが、いざ相談事が持ち込まれると、あれこれ考え出して、夜も寝つけなくなってしまうのだった。

もともと不眠症であった彼は、ついには睡眠薬を服用しても四時間も寝られなくなっていた。

幸之助が自分を叱咤し、鼓舞したのは、部下のやる気を最も引き出すものは、社長が一生懸命やることだと考えていたからだ。**社長が「この程度」と思われる仕事をしていたら、社員も「この程度」しか仕事をしない。**社長が一生懸命やっている姿を見せるということが、叱るよりも何よりも部下をやる気にさせる。そう考えたのである。

「リーダーは専門的なことについてはできなくても良いが、自分の部の経営については誰よりも熱心で、熱意においては誰にも負けてはいけない」。これも幸之助が残した言葉のひとつである。

平井伯昌

叱ることでは信頼関係は築けない。結果が出て初めてコーチを信頼するのだと思う。

競泳日本代表のヘッドコーチである平井伯昌《のりまさ》。中学時代、目立たない存在だった北島康介選手の才能を見いだし、世界一のスイマーに育てあげた。今も、世界の舞台で金メダルを目指す選手たちを指導、育成している。スポーツ界の名伯楽は、「経営の神様」松下幸之助の人材活用術を、どのように読み解くのか?

知恵 05

短所もやり方次第では長所に変わる

オリンピックに出るような選手は、みんな素晴らしい才能を持っています。しかし人間性という部分に光を当てた場合、個々の選手でこれほど違うのかと驚かされることがあります。

ですから我々指導者は、個性に合わせた教え方を考えていかないといけません。「長所と短所は表裏」とよく言われますが、私には、表裏というよりも**「長所のすぐ隣に短所がある」**ように思えます。

上田春佳《はるか》という選手がいました。小学校六年生のときから指導を始めましたが、すごく性格がおおらかな子供でした。指導していたコーチも「平井さん、いくらなんでもあの子は無理です。人の話を全然聞きません」と言っている。

●上田春佳がロンドンオリンピックで銅メダルを取れた理由

実際に指導してみるとその通りで、人の話は聞いたそばから頭からすーっと抜けていくようなところがありました。

それは短所です。しかし、細かいことを気にしない性格は長所にもなります。あるレースで、前半から無謀とも言えるくらい飛ばしていたので「どういう意図でそうしたのか」と尋ねると、「何も考えていませんでした」と、ケロッと答えるのです。またあるときに、「大会だからって緊張するなよ」と励ましたことがあります。

2012年のロンドンオリンピック。上田春佳は、競泳女子400メートルメドレーリレー決勝では、最終泳者だった（上）。競泳女子400メートルメドレーリレーで銅メダルを獲得して喜ぶ選手たち。左から、寺川綾、鈴木聡美、加藤ゆか、上田春佳（下）。

すると上田は、「平井せんせー、キンチョーって、何ですか？」と聞いてくる。ガクっときましたが、同時にこの性格は武器にもなると思いました。

ですので、彼女には、**意図的に困難なことに挑戦させてきた**。最年少で海外合宿につれていったり、大学生のときには日本新にチャレンジさせたりしました。

それでも彼女自身は、さほど困難とは思わずに乗り越えてきたところがあります。他の選手よりもティーチング期間は少し長かったけれど、持ち前のおおらかな性格に生かされて、ロンドンオリンピックのメドレーリレーで銅メダルを取るまでにいたったのだと思います。

このように、短所も長所に変化するというのが、私の経験です。松下幸之助さんは、「長所を六割、短所を四割で人を見ろ」といわれましたが、**短所のなかに「一生懸命やらない」という項目が入っている人は、技術があっても駄目だと思っています**。六対四という割合も大切だと思いますが、何を評価するのかということも重要ではないでしょうか。

知恵06

同じ言葉でも、人が違えばプラスにもマイナスにもなる

私が北島康介に出会ったのは、彼が中学二年生のときです。体がえらく硬い子だというのが第一印象です。体が硬いとプールに入っても浮きませんので、水泳選手としては致命的です。でも、いざ泳ぎ始めると全く違いました。体と水が一体化して、水を得た魚のように変化したのです。

まわりからは「なぜこんな選手を育てようとするのだ?」と思われていました。しかし私は、**彼の素直さに注目しました**。これは伸びる人の特徴なのです。

大会で、「康介おまえはいける、勝てるぞ!」と私が言えば、「そうだ、俺はいける! 俺は勝てる!」とそのまま信じます。何かやろうとするときに、「できる、できない」などとあれこれ考えず、一直線に行動する北島に賭けてみたいと思うようになりました。

しかし北島みたいな選手ばかりではありません。

中村礼子という選手がいます。オリンピックの前に、北島と一緒に練習をしていた

2012年のロンドンオリンピック。北島康介は、競泳男子200メートル平泳ぎ準決勝で５位となり、決勝進出を決めた。

ときのことです。二人ともすごく調子がいい。練習のあとマッサージを受けているときに、北島は「オリンピックでは一体どんな記録が出せちゃうのかな」と喜んでいます。

ところが中村は全然違って、「今日こんなに調子がよくて、明日から調子が下がったらどうしよう」と心配している。**当然かける言葉も違ってきます。**

寺川綾《あや》もとてもハートが強い選手でした。性格も強気です。ですから、わざと「ライバルがベスト記録を出したぞ」みたいなことを言うわけです。

しかし、それが逆効果になってしまう選手もいまして、ライバルが調子いいなどと言ってしまうと、**余計に緊張してしまう。**だから「泳ぐときは、このへんに気をつけよう」ぐらいのアドバイスにとどめます。

知恵07

信頼関係がなければ叱っても意味がない

叱ることで、相手との信頼関係は築けません。やはり**指導して、練習して、いい結果が出て、**それで選手のほうから初めて、**このコーチを信頼していい**のだと思うようになるのではないでしょうか。

そういう信頼関係があるからこそ、叱るという行為が生きてくるわけで、最初から容赦なく叱って結果を出すというのは、違う気がするのです。叱る以前に、日常のコミュニケーションというものが大事になる。

ですから、必要と思えば選手には積極的に話しかけるようにします。練習が終わってストレッチをしているときに、「今日何のテレビを見るんだ？」と言ったりすることはよくあります。すると「今日は嵐のテレビがあるんです。先生も見てくださいよ」と言い返してくる。

コミニュニケーションをとるために、家に帰って見たのですが、十五分でやめてしまいました（苦笑）。翌日、「見たけど十五分でやめた」と言ったら、「そう言うと思っていました」と笑っている。そのような**他愛のないやり取りが、必要になる**ときもあります。

知恵 08

選手はごまかせない。指導者のすべてを見抜いている

選手の調子が悪いと、もうずっと一日中考えています。夜中に目が覚めて、バッと

起き上がるとか、朝起きてまず最初にその選手のことを考える。もし自分が本人だったらどう感じているだろうか、みたいなことを想像します。

加藤ゆかという選手がいるのですが、数年前に大きな大会に二回つづけて負けて、すごく落ち込んでいました。私も夜、眠れなくて、夜中にずっと試合のビデオを見て敗因を分析していました。それで次の日、どうやったら勝てるのかという話をしたことがあります。

それはそれで、すごいパワーを使うわけですが、**そのくらいこちらが考え抜かないと、相手に通じる言葉が生まれてきません**。選手には「一生懸命やるのは当たり前だよ」と話しますが、選手を頑張らせた分だけ、自分自身も時間を惜しまずやらないといけないのではないでしょうか。

松下幸之助さんが、「自分の会社の経営については誰よりも熱心で、熱意においては誰にも負けてはいけない」とおっしゃっていますが、とても頷《うなず》けるものです。

指導者は選手から見られている。オリンピックというプレッシャーのかかる試合のときも、**選手は私たちの顔色を見ています**。「コーチは自信満々の顔なのか、不安なのか」と。このときに指導者が不安げな顔をしていると、選手はいっきに押しつぶされてしまいます。

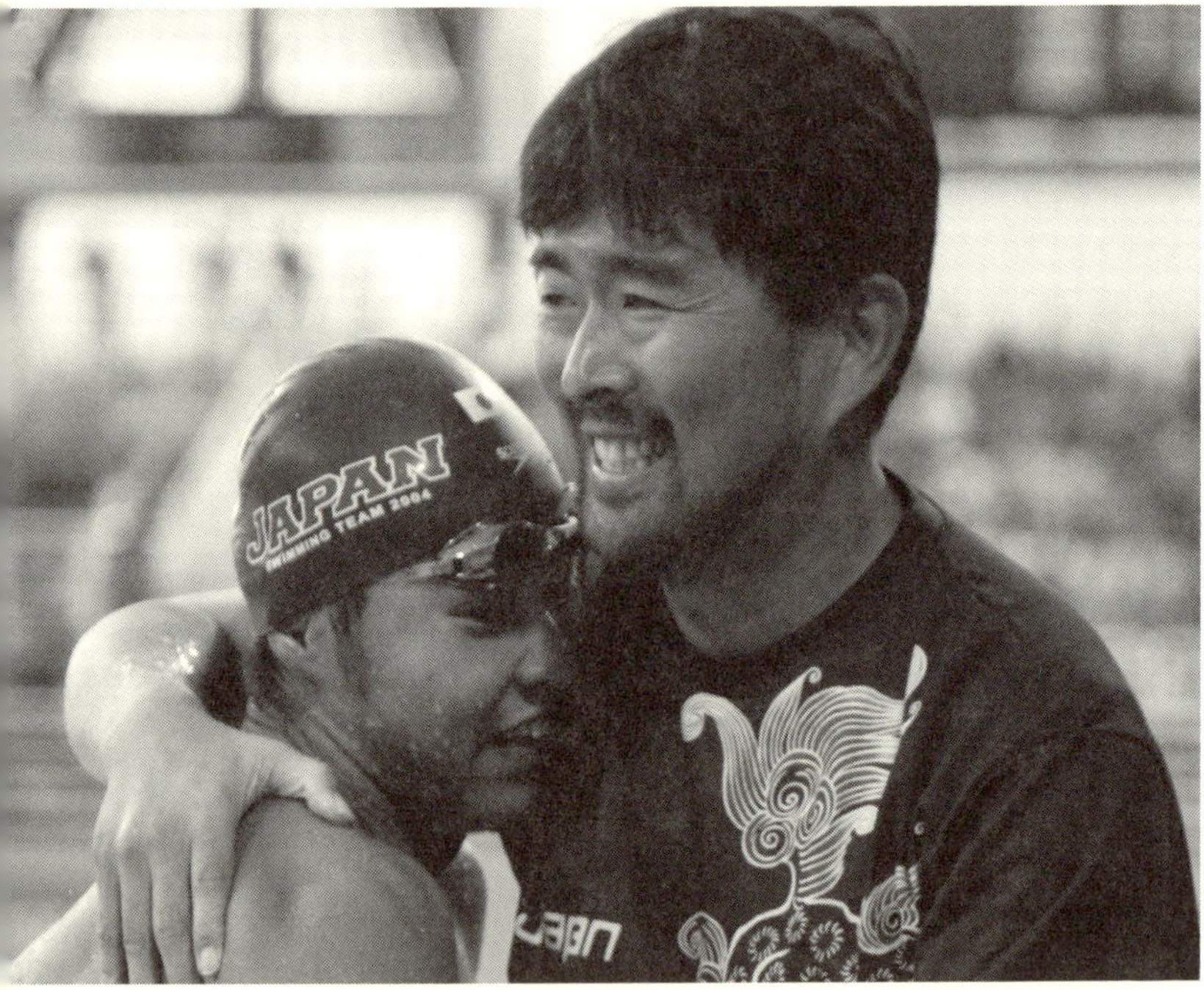

2004年のアテネオリンピック。平井は、競泳男子200メートル平泳ぎで金メダルを獲得した北島康介と抱き合って喜んだ。

知恵09

自分を育てるのは自分自身だと気づかせる

松下幸之助さんは、「企業は人なり。人を育てないといけない」とおっしゃったそうですが、本当にその通りだと思います。

水泳に限らずですが、最終的にはコーチや指導者がやらせるのではなくて、**選手個人が、自分で才能を磨かないと**、どうにもならないのだと気づいてほしい。

とは言うものの、周りのサポートも大切です。一流のアスリートは、周りのスタッフが必死になって応援してくれます。技術だけでは金メダルに届きません。

北島がすばらしいのは、水泳の技術だけでなく、その人間性にあります。彼は練習熱心で有名ですが、挨拶ひとつにしても、とてもしっかりしているのです。

そういう北島を見ていると、みんなが応援したくなります。トレーナーさんとか、栄養士さんとか、周りのみんなが、何とかして北島に勝たせてやりたいと思うようになるのです。

私も同じでした。私が北島を教えたのではなく、**北島が、教えたくなるような人間**だったのです。

第3章

大切なのは「情報」ではなく、「諜報」である〈交渉術〉

太原雪斎 × 松本晃

（カルビー会長兼CEO）

太原雪斎

喉から手が出るほど欲しがっているもの。
独自の情報ネットワークを使って、
相手の思惑をさぐる。

ときは戦国。名将と言われた人物には、必ず彼を支えた名軍師の存在があった。

武田信玄には山本勘助が、豊臣秀吉には黒田官兵衛が、そして、同じ戦国の世で駿河《するが》の今川義元を支えた名軍師、それが太原雪斎《たいげんせっさい》だった。

雪斎が生きた時代の今川家は、武田や北条といった強敵に接し、いつ攻め込まれてもおかしくない非常事態にあった。この難問を解決したのが雪斎。卓越した交渉力で、周囲の強敵たちと絶妙な関係を築き、今川家最強の時代を作り上げた。

もし雪斎が生きていれば、桶狭間《おけはざま》の戦いで今川が織田信長に敗れることはなかったであろう。そう惜しまれたほどの名軍師・雪斎の交渉術とは何か？

知恵01

相手が求めているものを知る

太原雪斎は、明応五年（一四九六）、今川氏の重臣・庵原《いはら》家に生まれた。跡継ぎではなかったので、僧になるため、九歳の頃から駿河国東部にある善得寺に修行に入る。

非凡な才能を認められた雪斎は、京都・建仁寺《けんにんじ》に移り、厳しい修行のかたわら、寺にあった孫子の兵法などの書物を読みあさったという。

二十七歳で、その評判を聞きつけた今川家の当主・氏親《うじちか》から、五男・方菊丸《ほうきくまる》（義元）の教育係として、今川家に戻るよう要請された。

その十四年後のことである。義元が十八歳になったとき、当主・氏親が亡くなる。さらに家督を継いだ長男と、次男までも相次いで死去。このとき、当主の座に名乗り出たのが、正室の子であった義元と、兄ながらも側室の子だった玄広恵探《げんこうえたん》だった。

雪斎は義元を当主の座につけるため、その知謀をフルに活用し、驚くべき方法をとる。隣国で、対立関係にあった武田信虎のところに自ら乗り込んだのである。

駿河を虎視眈々と狙う武田にとって、今川家の内乱はこの上ない侵略の好機となる。さらに、雪斎にとって最悪の事態は、武田軍が玄広恵探に加勢することだった。

その信虎に対し、雪斎は**駿河に手を出さぬよう直接交渉する**。意外なことに、このとき信虎は雪斎の要求をすべて聞き入れ、内紛に一切介入しなかった。

その理由が明らかになったのは、内乱が義元側の勝利に終わった一カ月後。信虎の嫡男・武田晴信（後の信玄）が、京都の公家の娘を妻に迎えたのである。この婚姻をお膳立てしたのがほかならぬ雪斎。

武田家は、甲斐源氏の流れをくむ名門でありながら、この頃は一地方領主にすぎなかった。京都の朝廷とつながりを持って権威を高めたい信虎にとって、**公家との縁戚関係は喉から手が出るほどほしい**。雪斎は、そんな信虎の思惑を察知。**京都の修行時代に培った人脈**で、摂関家に次ぐ家柄、当主は左大臣を務める三条家の娘を選び出した。

雪斎は、この縁組みと引き替えに、今川家の内紛に介入しないよう武田家に交渉したのである。

●僧侶だけが最新の情報を入手できた理由

雪斎は、どのようにして信虎の情報を得たのだろうか。その理由は、僧侶だったことにある。当時、一般の人間が、他国へ移動することは困難をきわめた。不審がられて殺される危険もあった。しかし、僧侶には「無縁の原理」が働くと考えられ、比較的安全な移動が可能だったのだ。

無縁とは、「俗世間と離れていて敵味方がいない存在」という意味である。このため、僧はたとえ敵国であろうと旅ができた。

この特権を生かし、**僧たちは互いに各国の情報を交換しあう一種のネットワーク**を形成していた。雪斎もまた、そこから武田家の情報を得ることができたのである。

「彼を知り、己を知れば百戦して殆《あやう》からず」

雪斎の愛読書『孫子』の兵法そのままに、勝利は、正確な情報を雪斎が獲得したことでもたらされた。

知恵02

ｗｉｎ‐ｗｉｎの関係を作り出せ

今川家と武田家の急接近に、伊豆・相模の大名、北条氏綱《うじつな》は警戒をあらわにした。北条家は関東一の兵力を誇り、武田家と争いを繰り返していた。姻戚関係にもある今川家が、宿敵武田に接近することは、裏切り行為である。

激怒した北条氏綱は、駿河に侵攻、あっという間に半分を攻め取ってしまう。しかしこの今川家の危機に、意外なところから援軍が来る。関東管領《かんとうかんれい》・上杉憲政《のりまさ》が、突如、北条の領地に大軍で攻め込んだのだ。窮地に陥った北条は、やむなく駿河から撤退した。

今川の窮地を救った上杉の侵攻。これを仕組んだのも雪斎である。上杉に手紙を書き、北条を反対側から攻めるよう仕向けたのである。

●情報に対する感覚を磨くこと

こうして北条との停戦に持ち込んだ雪斎が、次に手をつけたのは、前代未聞の計画だった。天文二十三年（一五五四）、これまで戦いを繰り返してきた武田、北条、今川が三国同盟を締結したのである。お互いの領土を侵略しない、三国以外との戦いには互いに援軍を出すなど、これまでの関係では考えられない内容だった。

この同盟を立案し、各国に交渉したのが、誰であろう雪斎。

当時、**三国はそれぞれ、互いの国以外にもやっかいな敵を抱えていた**。武田家には上杉謙信が、北条家には関東管領・上杉家などが、そして今川家も、三河の国人領主たち、さらには尾張・織田家と、争いはそれぞれに厳しさを増していたのである。

そんな中、三国が同盟すれば、背後を気にせず、それぞれの敵に集中できる。

互いの消耗戦を避け、勝てる相手とだけ戦うべし。

太原雪斎の尽力により成立した三国同盟

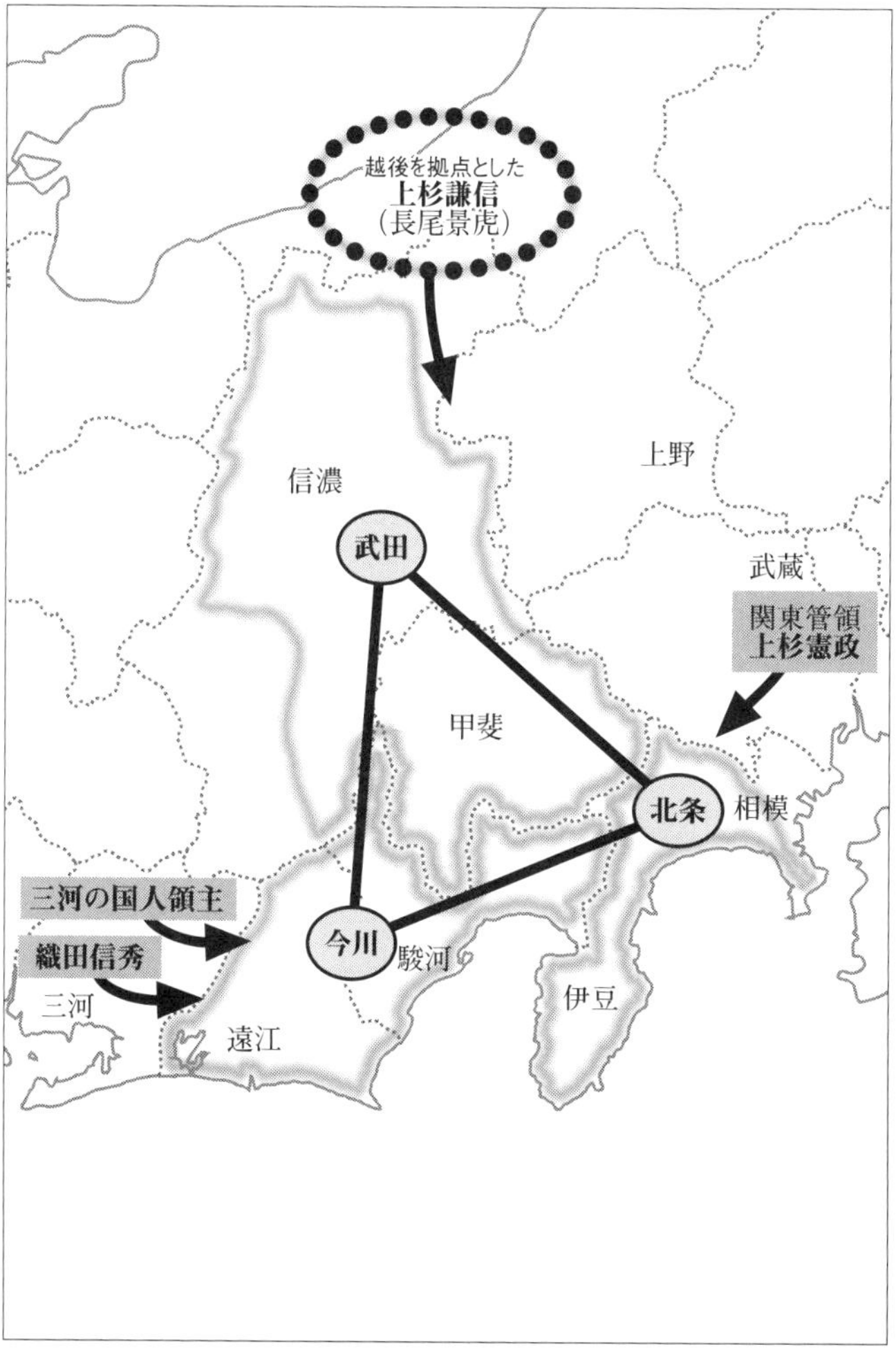

雪斎の冷静な説得によって、ここに前代未聞の三国同盟が成立することとなった。

雪斎の交渉成功の鍵は、お互いにとって有利な条件を提示したこと。いわばｗｉｎ－ｗｉｎの関係を作り出したことにあったのである。それを可能にしたのは、雪斎の情報に対する優れた感覚であった。

松本　晃

情報を取捨選択して仮説を立てろ。仮説の精度を高めれば、無敵の戦略に変わる。

「ポテトチップス」「かっぱえびせん」などで有名な大手菓子メーカー・カルビー株式会社の会長兼ＣＥＯの松本晃《あきら》は、巧みな交渉力で、創業家が十年以上かけてまとめることができなかった米ペプシコ社との業務・資本提携を成功させた。それに伴い「ドリトス」や「チートス」などを販売するジャパンフリトレー社を一〇〇パーセント子会社化した。

若い頃は、伊藤忠商事の商社マンとして世界を飛び回り、自動車や産業機器、港湾機器などを販売してきた。ビジネス界ではハードネゴシエーターとして知られる松本は、戦国時代の軍師・太原雪斎の交渉力を、どのように読み解くのか？　そして実際に、どのような交渉術で相手を説得していったのか？

知恵03

大事なのは「情報」よりも「諜報」

交渉とは、**相手の望むものと、こちらの思惑とが重なるギリギリのポイント**を見定め、そこに向けてお互いが歩み寄っていくことです。

雪斎が優れていたのは、群雄割拠の戦国時代において、すでに情報がいかに大事かということを理解していたことでしょう。どこで誰がどのようなことをやっているのか、外見から得られる情報だけでなく、誰がどんなふうに考えているのか、そしてどのようなことをしたいと考えているのか、相手の内面に踏み込んだところまで情報を集めている。それを探り当てる能力を持っていたということでしょうね。

日本語で「情報」というと意味は一つですが、英語では「information」（情報）と、「intelligence」（諜報）は明確に分けられています。

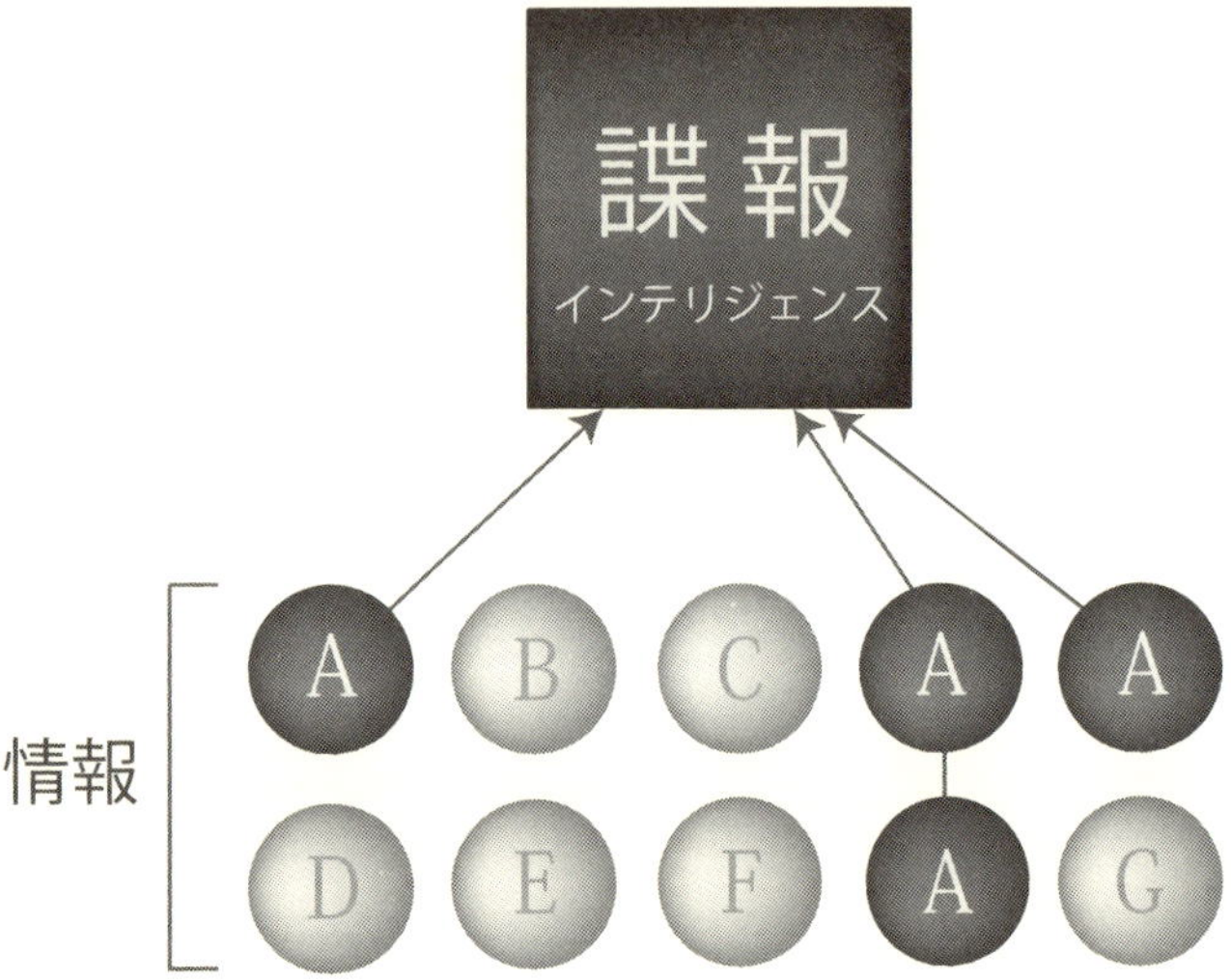

数ある情報の中から本当に価値があるものを引き出す

アメリカのCIAは「中央情報局」と訳されますが、あれはありません。「Central Information Agency」ではありません。「Central Intelligence Agency」です。

そしてビジネスの交渉に際して本当に重要なものも情報ではありません。諜報です。情報は、今ならばインターネットを使えばいくらでも手に入る。しかし諜報というのは、そう簡単には手に入らない。なぜかと言うと、**いくつもの情報を分析しながら、勝つために本当に価値があるものを引き出さねばならない**からです。

●戦略とは戦わずに勝つこと

たとえば、交渉のキーマンがいたとします。その人の関係者に話を聞いていくと、とても家族を大切にしている人だと分かってくる。そのようなとき私は、その人を説得するための材料として、奥さんの誕生日や、子供が幼稚園に入園する日まで調べたことがあります。

雪斎は、武田家の内情に踏み込んだ情報を取ってきていましたが、これはまさに諜報の部類に入るものです。**この条件なら相手も受け入れる、こちらにも利益があるという一致点**を見定めていた。

戦術というのはどうやったら勝てるのかという技術のことですが、**戦略という言葉は戦いを略すと書くように、「戦わずして勝つ」という意味**だと思います。

ただ、その戦略を実行する際も、ある程度のフレキシブルさは必要です。こちらが求めていることと、相手が望んでいることに食い違いが出てくるかもしれません。だからいつも柔軟に対応できる余地を残しておくことです。

おそらく武田、北条、今川の誰も、三国同盟が未来永劫続くとは思っていなかったのではないでしょうか。**当分の間は、三方ともに利益がある**と思った。だから交渉がまとまったのだと思います。

知恵04

準備八割、実行二割

互いに良い条件でサインをするための鍵が事前の情報収集だとすると、交渉の成否はその前段階でほとんど決しているとも言えます。

私は、交渉というものは**〝準備八割、実行二割〟だと思っています。**交渉相手の企業情報、経営体力から市場の動向、同業他社との関係などあらゆる情報を集め、それを緻密に分析して戦略・作戦を練る。

ダイレクトに相手から話を聞くだけでなく、遠回しにあらゆることを聞きだす。さらに相手の周辺にいる関係者、利害関係者や過去に関係した人たちからも話を聞いてみる。そうやって蓄積した情報を取捨選択して諜報を得る。**そこから仮説を立て、その仮説を検証し、必要なら修正していく。**こうして得られたものが戦略になります。

●相手とこちらの要望の落としどころを探る

きちんと準備さえできれば、交渉を成立させること自体にあまり時間はかかりません。極端な例では、私が二〇〇九年に、ペプシコーラで有名なアメリカの「ペプシ

交渉は準備8割　実行2割

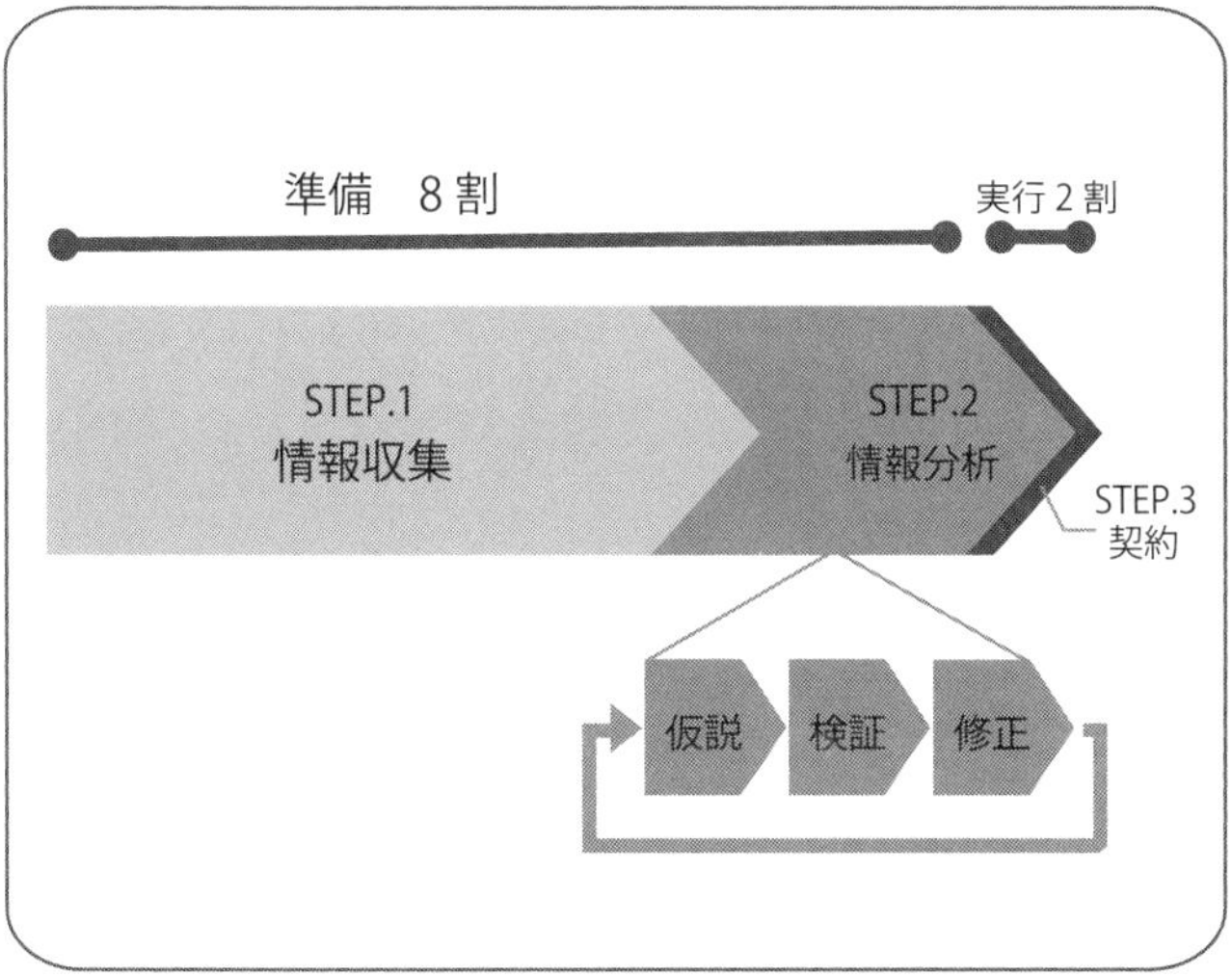

松本晃

コ」という大手企業と交渉をした際、二時間の交渉を二回やって相手との合意に到達しました。交渉相手は長い間日本でビジネスをしており、世界ではこちらより二十倍も三十倍も事業規模の大きな会社です。しかし、日本での事業は伸び悩んでいた。こちらとしても、いい関係を築きたいけれども、相手があまりに大きすぎて、食われてしまうような形での合意は避けたい。

「ジャパンフリトレー」という会社は、ペプシコ社の傘下で、日本で「ドリトス」や「チートス」というトウモロコシからできたスナック菓子を扱っている会社でした。

最終的に、そのジャパンフリトレーという子会社をカルビーが一〇〇パーセント買収し、それに対して、こちらの株式の二〇パーセントを相手に譲りました。ペプシコ社は、日本ではうまくいっていなかった事業をいい値段で売却ができ、カルビーの株を保有できた。カルビーは、弱かったトウモロコシの分野を強化でき、経営権までは譲らずに、ペプシコとの協力関係を持てた。このように、双方の落としどころを見つけるための準備は周到にしました。

知恵05

九九パーセントは、五〇パーセントと知る

それでは逆に交渉が失敗してしまう場合はどうでしょうか。私の経験から言うと、最大の理由は、**うまくいったと思い込んで最後で手を抜いてしまう**ことです。

そこから学んだことは「九九パーセントは、五〇パーセント」というもの。これは名ゴルファー、ジャック・ニクラウスの言葉と記憶しているんですが、本当にその通りだと思います。**九分九厘うまくいったと思っていても実はまだ半分、道半ばである。**最後の一パーセントまでたどりついたとしても、そこで気を抜いてはいけない。

二年間かけた交渉が、契約書にサインをする直前になって、相手からFAX一枚で吹き飛ばされたこともありました。最後の最後にライバル会社からひっくり返されたのです。

以来、最後の詰めの段階まで、私は非常に慎重にことを運ぶようになりました。

知恵06 自分から動く

考えることと学ぶことは違います。「学ぶ」ということは、知識を得たり、技術を得たりすること。そうして得た知識や技術をいかに使うか思い巡らすこと、それがすなわち「考える」ことです。

知識や技術は人から教えてもらえる。でもその使い方は、自分の頭で考えなければいけない。孔子曰《のたま》わく**「学びて思わざれば則《すなわ》ち罔《くら》し」**です。

そのバランスが大事で、ただ勉強だけして考えないようでは、雪斎のようにうまくいきません。逆に考えてばかりで勉強をおろそかにする人もダメです。**「思いて学ばざれば則ち殆《あや》うし」**。こうした人はむしろ、国や会社を危うくする存在だと思います。

おそらく、雪斎のベースになっているのは若いときに学んだこと。しかし雪斎は自分の頭で考えられる人だった。自分の持っている知識、経験を生かし、一つずつ実行していった。

感心すべきはこの「自分から動く」ということです。上から言われて動いたのではなく、自分の頭で考え、自分で動いた。**思い立ってはみたけれど情報を集めるだけで、結局実行しなかった**というのはよくあることです。

三国同盟を構想するだけでなく、実際に実現させたところが雪斎の偉いところです。三国同盟の可能性を考えた人というのは、ほかにもいたのかもしれません。しかしそれだけではなく、雪斎は煩雑な国家間の関係を分析して実行まで持ち込んだ。その実行力と持続力もネゴシエーターには必要でしょう。

●権限を与えて動かす

現代の若者は、情報をインプットすることはよくやるのですが、そこにばかり意識が向いて、頭を使って考えることをおろそかにしている。

ビジネスにおいて、この考える力を鍛えるには、やはり具体的なプロジェクト、具体的な仕事に関わっていくことです。それも集団のなかでまわりに流されるのではなく、一人で、主体的に関わるようなやり方で。

ですから、部下の考える力を鍛えたいリーダーは、彼らに仕事を与え、自分は口を出さずに彼ら自身にやらせてみることです。**若手に権限を与える**ことです。そうやって部下を動かしてみると、みな真剣に考えて行動します。若手か中堅かはあまり関係がない。リーダーが何でもかんでもすべてやってしまうというのは、実は組織にとってあまり良いことではありません。

知恵07 人は、買いたい人から買う

私は社会人になってすぐ商社に入社しました。そこでやったことは物売り、つまりセールスです。日々お客さんに接して、ものを買ってもらいながら、はたしてセールスとはいったい何なのか、考えました。要するに、人はどういうときに、どういうふうに、どんな人からものを買うのかと。

そのときに私が出した答えは、**「人は買いたいものを買うのではない。人は買いたい人から買うのだ」**ということでした。物を売るには人から好かれないとダメだということです。

その後、経営に参画するようになって、会社を買うとか売るとか、紙一枚の契約書で桁違いに大きな額が動く取引をするようになりましたが、「人から好かれていないとダメ」という基本は変わりませんでした。

交渉する人間は、**相手から、この人と交渉を成立させたいと思われなければダメ**です。海外だろうと国内だろうと、交渉において相手の人格や考え方などそうそう分かるものではありません。しかし、いくら業績が良い会社が相手でも、相手のトップが、あるいは交渉する相手が正直でなければ、なかなか調印にまで踏み切れません。

おそらく雪斎は、相手にそう思わせることができた。事実、正直で誠実な人柄だったのではないでしょうか。

交渉というものも突きつめれば人と人とが向き合うということ。だからこそ、人格というのは基本になるものであり、そして最も重要なものだと思います。

第4章

説得には「教養と信頼」が必須である〈交渉術〉

岩瀬忠震

×

小松正之

（元水産庁・国際捕鯨委員・アジア成長研究所客員主席研究員）

岩瀬忠震

勝負どころでは、自分の気持ちを包み隠さず伝える。論理だけでは相手を説得できない。

幕末、日本中が開国か攘夷かで揺れていた安政三年（一八五六）、アメリカから総領事としてタウンセンド・ハリスが来日する。目的は、通商条約を結んで貿易を開始すること。

このとき、井上清直《きよなお》と共に幕府全権として交渉のテーブルについたのが岩瀬忠震《ただなり》である。さまざまな要求が突きつけられるなか、岩瀬は「日米修好通商条約」を結ぶ。

これまでアメリカが武力を背景に強引に調印させた「不平等条約」と言われてきたが、近年の研究では、必ずしも日本にとって不利なものではなく、むしろ有益な条文が含まれていることが分かってきた。

岩瀬は、どのような知恵で交渉を進めたのか？

知恵01

意外な交渉カードで主導権を握る

文政元年（一八一八）、岩瀬忠震は旗本の家に生まれ、三十七歳で海防掛《かいぼうがかり》に任じられた。海防掛とは、対外問題を処理するために設置された役職で、今でいう外交官に当たる。

岩瀬は、オランダやロシアなどの船が来日すると、すぐに出向き、艦長を質問攻めにして最新の海外情報を入手したり、同じ型の船を造って造船技術を吸収したりした。精力的に外国のことを学ぶうち、彼自身は「開国推進派」となっていく。開国し、貿易で利益をあげ、幕府財政の立て直しに役立てようと考えるようになったのだった。

日本が開港の交渉に応じなければいけない背景には、逼迫したアジア情勢があった。当時、イギリス、フランス、ロシア、オランダなどの西洋列強がアジアに進出し、各地で植民地化を進めていたのである。

とくにアヘン戦争で、大国・清がイギリスに屈したことは幕府首脳陣に大きな衝撃を与えた。

アヘン戦争終結後、一八四二年八月に調印された南京条約では、上海を含む五港を自由貿易港とし、イギリスへの多額の賠償金支払い、並びに香港の割譲などが定められた。

もし同じように日本が攻撃され、同様の不平等条約が結ばれたら……。日本が植民地化されてしまう危機が迫っていた。一刻も早く、対等な立場での条約締結が求められる。しかし、幕府上層部や朝廷では、鎖国体制維持の声が多数派を占め、激しい攘夷運動が起きていたのだった。

安政四年（一八五七）、岩瀬の必死の交渉が始まる。

ハリスとの交渉で大きな課題となったのは、新たにどこの港を開くかということだった。当時、日本で開いていた港は、下田、箱館、長崎の三カ所のみ。しかし、ハリスは、将軍のお膝元である品川や大坂など、計十カ所を開くよう要求してきた。

岩瀬は、いきなり**「開港地は下田、箱館、長崎の三つのままにしてもらいたい」と現状維持を提案し、一歩も譲らなかった。**

予想外の展開にハリスは愕然とした。現状維持では困ってしまうハリスは、何度かの交渉を経て、「せめて江戸に近い品川は開港してもらいたい」と譲歩案を出す。

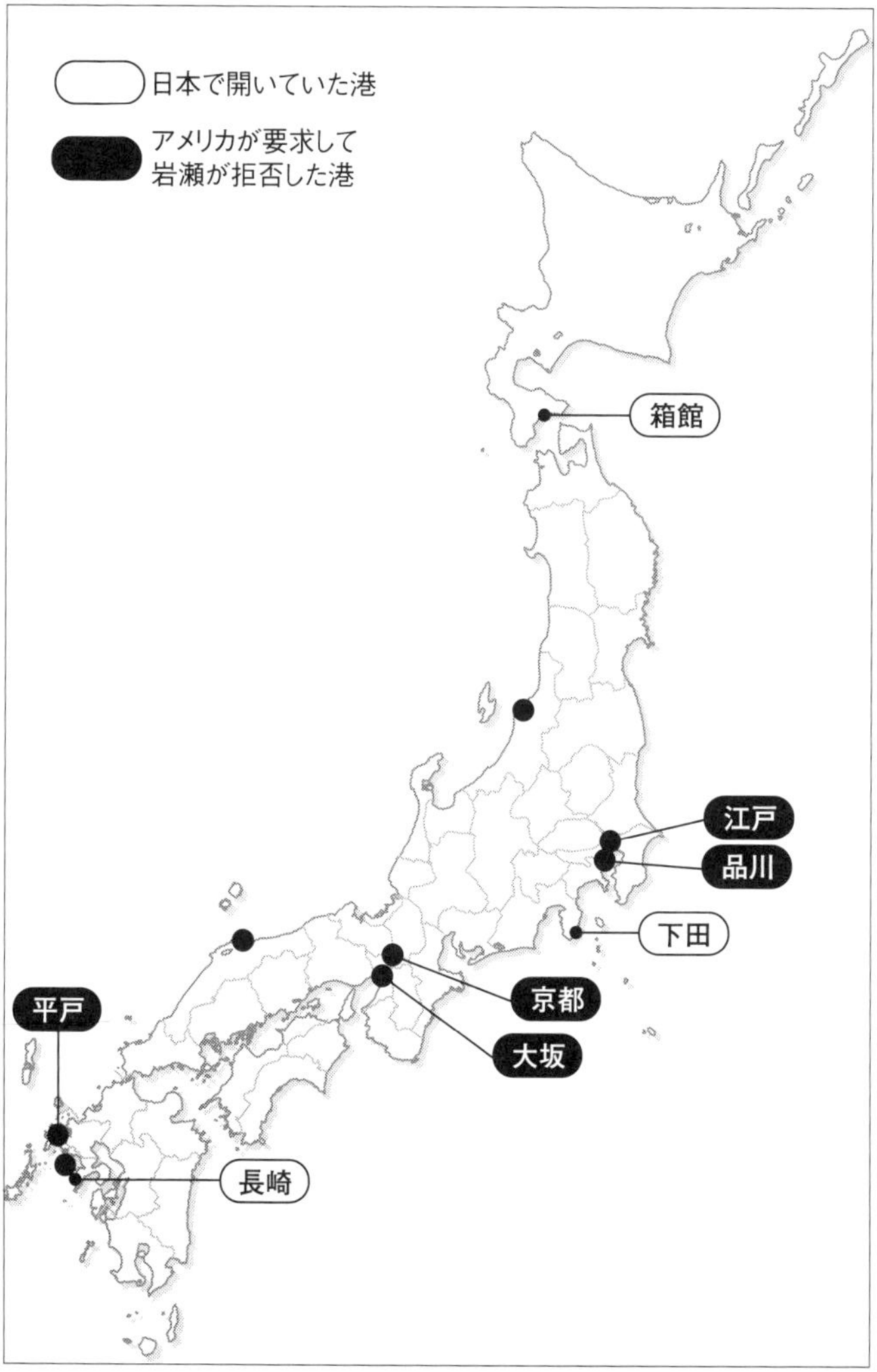
日本で開いていた港
アメリカが要求して
岩瀬が拒否した港
箱館
江戸
品川
下田
京都
大坂
平戸
長崎

●詰め将棋のように展開を読んでおく

はたして、これこそ岩瀬が描いたシナリオだった。

ハリスの要求に対し、岩瀬は「品川は狭く遠浅で大型船は入れない」という合理的な理由を持ち出し、断念させた。その一方で「横浜」の開港を提案したのだ。それは**ハリスにとっても救いのひと言**だった。

アメリカにしてみれば、下田よりさらに江戸に近い横浜なら検討する価値は十分にある。幕府も、横浜なら江戸にも近く、自らの手で貿易を統制しつつ、利潤を吸い上げることができる。

ハリスは横浜案に飛びつくが、これを境に、交渉の主導権は、岩瀬が握るようになっていく。

岩瀬は、他にも開港してほしいというハリスの提案に対し、「大坂は反対派の大名が多い」「平戸は港が狭い」というように各地の実情に即した理由でハリスの要望を断念させる。

岩瀬はこうした交渉になることを想定し、**事前に各地の港を訪ね歩き、実情をつぶさに視察していた。**

ハリスはこのときのことを、こう書き記している。

「岩瀬は頭の回転が速く、反論が次々と出てきた。私はことごとく論破され、何度も草案を書き直した」

知恵02 勝負どころでは、自分の気持ちを正直に伝える

一方で、いくど交渉を重ねても、意見の一致が見られない問題も残っていた。ハリスが京都・大坂の「町」を開き、外国人による商売を認めてほしいと要求していることだ。

しかし天皇がいる京都では激しい攘夷運動が巻き起こっている。岩瀬は、もし攘夷派の人間が外国人を負傷させるような事態になれば、それをきっかけとして外国による武力介入を招きかねないと危惧していた。

岩瀬は、悩んだ末に、**外国人には決して明かさない機密事項を打ち明ける**道を選ぶ。

「これは口外しないでもらいたいが、あなたを信頼して打ち明けます。わが国には多数の浪人がいて外国人を狙っていますが、実は、あなたの暗殺計画まであるのです」

そして、ここまでは理路整然と説明をした岩瀬が、最後には次のように**剝き出しの心情をぶつける。**

「あなたは平和の使者と申された。貴国の大統領とて、無秩序と流血を引き起こすような主張をするはずはない。いま、外国人が国中を歩き回ったら、必ず内乱を招く。我々は今、内乱を起こすくらいなら、外国と戦争をするほうがましです」

常に冷静な態度を崩さなかった岩瀬の変化に、ハリスはことの重大さを悟り始めた。

知恵03 ときには非公式に交渉する

さらに岩瀬は最後のカードを切る。もう一人の全権・下田奉行の井上清直に、**プライベートで面会するよう頼んだ**のだ。

井上は、ハリスの来日から一年半、公私をわかたず世話をしてきた人物だった。

井上はハリスに言う。

「今、得られるものを確保しておくほうが得策だとお考えください。ここで交渉が中断したら、条約締結そのものがなくなってしまう。高望みをつづけたら、すべてを失ってしまいます」

しばらくしてハリスは頷き、「あなた方の希望に沿うようにしましょう」と言ったといわれる。

Townsend Harris（1804－1878） アメリカの外交官。1856年、初代駐日総領事として下田に着任する。下田条約、日米修好通商条約を締結し公使に昇進する。1862年、帰国。著書に『日本滞在記』がある。

こうして安政五年（一八五八）六月、日米修好通商条約は締結される。

●その後の岩瀬

岩瀬は、上司である井伊直弼《なおすけ》と相談しながら、日米修好通商条約を締結したが、井伊は孝明天皇の勅許を得ていなかった。無勅許調印であったこと、加えて同年に起こった将軍・家定《いえさだ》の後継者選びにからむ政争に巻き込まれ、岩瀬は作事奉行に左遷されてしまう。

さらに安政六年（一八五九）に永蟄居《えいちっきょ》を命じられ、江戸向島で余生を過ごした岩瀬は、文久元年（一八六一）、四十四歳でその生涯の幕を閉じる。

岩瀬忠震の名は、幕末に活躍した人物の影に隠れ、それほど脚光を浴びることはない。だが、彼のことを忘れていない者がいた。ハリスである。

明治五年（一八七二）、新政府の岩倉使節団がアメリカを訪れた際、ハリスはわざわざ使節団を訪ね、こう述べたという。

「岩瀬たちは綿密な議論で私を閉口させた。私は自分の提案を何度、書き直したか分からない。こうした全権をもっていた日本は幸福であった」

長年「不平等条約」と言われてきたこの条約だが、第二条「ヨーロッパの国と日本の間に問題が起きたときは、日本政府の依頼に応じアメリカが仲介をする」や、第四条「アヘンの輸入は厳禁である」など、**むしろ有益な条文が含まれている**ことが分かってきている。

関税率を自国で決める権利がない点も不平等条約と言われる所以《ゆえん》だが、**平均二〇パーセントという関税率は、当時は国際的に妥当な数字**であった。

また、国際ルールに基づいた条約を結んだことで、日本は植民地化を免れたとする考え方もある。

小松正之

交渉の場では、自分の人間性のすべてがさらけ出される。

水産庁の役人として、国際捕鯨委員会などに日本の代表として出席。不可能と言われた数々の漁業交渉をまとめてきた小松正之。捕鯨では、圧倒的に不利な状況でも日本の主張を通し、捕鯨の継続を勝ち取ってきた。

国内外でタフネゴシエーターとして知られる小松正之は、幕末の外交官・岩瀬忠震の交渉力を、どのように読み解くのか？　そして実際にどのような交渉術で活路をひらいていったのか？

知恵04

先手必勝で交渉の主導権を握る

私は漁業交渉で世界中を飛び回り、条約交渉にあたってきました。

タフネゴシエーターと評されることもあるようですが、気持ちが折れそうになったことは一度や二度ではありません。

なにせ国と国との交渉です。捕鯨交渉などは科学委員会が一カ月、その後、本委員会が一週間。その間、気持ちを維持するのに苦労して、正直に言うと、いつも投げ出したくなっていました。

ただ、交渉を有利に進める鉄則があります。

始めに、こちらから提案するということ。自分の提案なら自分が一番その内容を理解していますから、押していける。そして提案したことについて誠心誠意、説明をする。

相手側はこちらがどこまで譲歩できるのか知りたいので質問に終始して、主張しづらくなる。

逆に相手の提案を最初に受けてしまうと、必ず向こうのペースに引き込まれます。

その場合は**あまり細かな質問はせず、早めにこちらから代案を出す**ことです。

●代案と落とし所を考えておく

岩瀬は駆け引きを重ねて、横浜という落とし所へ誘導するという、非常に巧みな交渉を展開しましたが、私の場合、自分が得たい目標が一〇〇だとしたら、一一〇パーセントくらいまで要求を盛り込みます。そして相手としては受け入れ困難な部分も含んだ案を駆け引きの材料として出して、それらを譲歩して九〇パーセントに収めることを目指しました。

一見難しく硬直的に見えますが、相手の主張と**対立ばかりしつづけると「落城」します**。具体的な内容が伴っていないですから。

TPP交渉の推移を見聞きしていると、この弱みを抱えているかもしれません。「対立や反対」だけでなく、**TPPの中身をどのように変えたいのか、代案を出すべき**ですし、それが交渉というものです。

交渉とは国益という「芯」を維持したまま、柔軟に妥結点を探ること。

そしてネゴシエーターは、自分が国益だと思ったものを、情熱《パッション》と愛《ラブ》をもってしっかり守ることです。

知恵05

ネゴシエーターに教養は必須

まだ若かった頃、アメリカのサケマス交渉の代表団と会いました。

私は仕事の話については自信があったのです。どの国は鮭の年間漁獲高が何トンだとか、どの種類の鮭が、どの地域や海域で獲れるのか。交渉の材料としてはそういったことを知っていれば十分だと思っていました。それに、仕事に直接関わりのある分野に関して、私は誠実に勉強をしてきたつもりでした。

ところがテーブルに着いて交渉を始めると、**向こうは、アメリカやヨーロッパだけでなく、太平洋についての歴史や文化まで援用して論陣を張るのです**。議論の射程や深みが私とは段違いでした。愕然としましたね。

交渉において、相手はその主張をのませるために、自身の知識を総動員して説得にかかってきます。いわば**人間性のすべてがさらけ出されるのが交渉という場**です。

そして、その相手を真っ向から受け止められる人間性が自分にないと、交渉は進みません。誠意や情熱だけでなく、知性や教養からくる深みが伴わなくてはダメなのです。

私はこの苦い体験から、自分の仕事に直接関係のある分野だけでなく、歴史や文化、芸術を勉強することに努めました。

●文化論が交渉の「潮目」を動かした

捕鯨交渉がまさにそうでした。交渉の潮目が動いたのは、環境保護や自然科学的な観点にプラスして、**「文化論」を盛り込んで日本の主張を展開した**からです。

鯨のひげを使った伝統工芸品などを持っていって見せたんですよ。浄瑠璃の人形を操る弦などが鯨のひげを使っていますが、そういった伝統工芸品や**捕鯨を描いた浮世絵**を見せて説明したのです。

文化や歴史、それから食文化というものは、どんな民族の琴線にも触れるものです。欧米の外交官やキャリア官僚が、古典から現代までの深い学識、教養を備えていることはよく知られていますが、これは国と国との条約交渉に限らず、あらゆるネゴシエーターに必須の素養です。書物だけでなく、実社会の生きた知識を仕入れることもまた重要でしょう。

知識というのは、知れば知るほど情熱が生まれます。そして、情熱があればあるほど、また学ぼうという欲求が湧く。知識と情熱の循環を回しつづけて、ネゴシエーターは、人は成長するのです。
そういった人間性があれば、相手も**「この人は話せるな」**という目つきになってくるものです。

知恵06 交渉の鍵は信頼関係

岩瀬を見ていると、交渉の基本というのはいつの時代も一緒だなと思いました。一言で言えば**「信頼関係」**。相手から、この人は信用できると思われなければ交渉はうまくいきません。

岩瀬もハリスとは、仕事の話ばかりをしているわけではありませんね。画才のあった岩瀬は、条約交渉の合間に、扇子にさらりと絵を描いて相手を喜ばせています。

英語にも大変興味を持っていて、岩瀬の直筆で「Iwase higonokami」とか「I am」とか「Trade」と書いたものが残されているそうですが、岩瀬は人と人とのつながりを意識していたのではないでしょうか。

交渉は、そのようなやり取りをしながら、やはり辛抱強く何度も話すしかない。捕鯨交渉で私もオーストラリアやニュージーランド、アメリカの代表たちに、何度でも厭《いと》わずに話しつづけました。

意見が合わない人と喋るのは辛いものです。ましてやお互い国の利害を背負っているから、簡単に合意できるわけがない。でも、何度も話し合いをつづけていれば、お互いに相手の性格は把握できるし、相手の人柄が好きになったりもする。ハリスが内心では岩瀬の人格を認めていたように。

そのためにも一緒に食事をしたり、パーティーに出ることはやはり大事ですよ。日本人は往々にしてパーティーに出たがらない。喋ることがないとか、英語ができないとか理由をつけて出席しないから人間関係が広がらないし、信頼関係が築けない。

ネゴシエーターは、**交渉の席以外で交流を深める機会を大事にしなければなりません。**

ちなみにやってはいけないのは、**最初に出した提案からあまりにもかけ離れた内容まで譲歩すること。**一回きりの交渉ならともかく、何年も交渉がつづく場合、交渉当事者の信用に関わってくる。信頼が損なわれてしまう。

知恵07 相手の望みを読む

こちらの主張を押しまくるだけでは交渉は妥結しません。**相手のスタンス、望みを理解して合意できるポイントを読んでおかなければならない。**

岩瀬がハリスに出した横浜開港案がいい例です。

開国派である岩瀬ですが、国を代表して交渉に臨む以上、個人的な思想・信条をおおっぴらにすることはできない。

岩瀬は、品川湾が遠浅だから開港はできない、物理的に無理なのだとハリスに伝えていますね。事実、品川湾の港湾設備がようやく整ったのは、昭和三十年代からです。アメリカにとってベストである品川が望めないと分かれば、次善は横浜だったでしょう。少なくとも当時開港していたなかで、もっとも江戸に近い下田よりも、さらに江戸に近づくことができる。

横浜案を出したのは、アメリカの利益も汲んだうえでの落とし所として、これ以上ない妥結点。岩瀬はネゴシエーターとして非常に優秀です。

知恵08 敵は自分の背後にいる

外国との交渉に行く前には、関係各省から各界識者、政治家からパブリックコメントまで、それはもう大変な過程を経て腹案をまとめます。そうして総理大臣官邸まで上げて是非を問う。

そのなかには、賛成派もいれば反対派もいて、各省庁間でも温度差がある。捕鯨で言えば水産庁のなかにだって意見の相違はありました。

でも、**どんな問題でも一番多いのは現状維持派**なのです。

この人たちにとって、状況を変えようとする動きは当然、邪魔ですから足を引っ張ってきます。秀でた才能のある人というのは、妬みの対象になるものです。

岩瀬はハリスとの交渉で本当に優れた動きをしたと思いますが、幕府や朝廷には鎖国・攘夷派がたくさんいたでしょうから、相当な苦労があったでしょうね。それはハリスもそうです。

交渉相手と互いに顔をつきあわせている全権や代表にとって、実は自分の背後のほうにこそ敵がいる。私も国内の反捕鯨派や現状維持派から白い目で見られていました。

山口県下関市で行われた国際捕鯨委員会で、日本が出した修正案が否決される。日本の代表だった小松は、再審議を求めて発言する。（2002年５月24日）

岩瀬がこれだけの活躍をしながら永蟄居を命ぜられ、不遇の中で生涯を終えたことも、認めたくはないですが、よくある話なのです。

政策なり提案なりを実行し、実現していくプロセスは、結局、**少数の提案者が、多数の現状維持派に説得工作をかけていくこと**だということは、知っておいたほうがいいでしょう。

第5章

弱い立場を逆転させ、主導権をにぎる方法〈交渉術〉

勝海舟 × 伊勢﨑賢治

（外務省特使・紛争地域武装解除人）

勝　海舟

相手がいちばん手に入れたいものを交渉のカードにする。

勝海舟は、江戸幕府きっての凄腕の交渉人だった。絶対不利といわれた「長州戦争」を停戦に導き、さらに翌々年には「江戸城無血開城」を実現させる。誰もが尻込みしてしまう状況で無類の強さを発揮し、「天下無敵の交渉術師」といわれるようになった勝海舟の秘密とは何なのか？

知恵 01

相手の理屈で説得する

元治元年（一八六四）、かねて外交方針を巡って幕府と対立していた長州藩は、政治面での発言力を回復しようと京都へ進軍し幕府と武力衝突する。

「禁門の変」と呼ばれるこのクーデターで、長州藩は御所で発砲した罪により「朝敵」とされてしまう。そして三人の家老が切腹し、その罪を償った。

しかし幕府はこれが不十分であるとして、再度の武力討伐を決定するのだった。

慶応二年（一八六六）、幕府は攻撃を開始。ところが、長州軍は高杉晋作の奇兵隊や最新の武器を駆使し、逆に幕府軍を倒してしまう。

長州藩は、戦いによって占領した小倉、石見《いわみ》、大島、広島など長州以外の土地に居座り続けた。

幕府には、さらに危機が重なった。将軍・家茂《いえもち》が遠征先の大坂城で病死してしまうのだ。次期将軍と目されていた徳川慶喜《よしのぶ》は、政局の混乱をさけるため長州と講和を結ぶ方針に転換する。

その交渉役に呼び出されたのが、一度はお役御免を言い渡されて第一線から退いていた勝海舟だった。

勝の任務は、長州藩に対して以下の三つに従わせることだった。

1、戦闘を停止する

2、長州が占領している小倉、石見などの土地から撤退する

3、長州藩の処分は、諸大名も交えて公平に審議する

戦に負けた幕府が、勝った長州藩を命令に従わせるという困難な交渉は、勝といえども暗礁に乗り上げてしまう。長州藩は、停戦はしない、撤退はしない、自分たちの言い分を朝廷や諸藩に聞いてほしいと主張する。

この膠着した状況を、勝は、**「朝敵という汚名を返上したい」という長州藩のいちばん手に入れたいものを交渉のカード**にしながら、戦に負けた弱い立場を逆転させていく。

「あなた方はこの戦争を『朝敵』という汚名を返上するために行っているという。だから幕府は、公正に再審議すると決めたのだ。この上審議まで拒否して戦いをつづければ自ら汚名を返上する機会を失うことになってしまう」

勝は、巧みな話術でそう語った。

これには強気の長州勢も言葉に詰まってしまう。かくして、交渉の主導権を自分に引き寄せていく。

知恵02

一〇〇を要求し五〇を得る

一方で、冷静に状況を分析した。撤退を強要すれば、いたずらに反発を招くだけだ。勝は、長州藩が小倉など占領地に居座ることを黙認したのだった。

勝が危惧していたのは、占領地撤退よりも、むしろ停戦合意ができなかった場合の戦争の長期化であった。このまま内戦が続けば西洋列強につけこまれるかもしれない。若い頃のアメリカ視察で深められた洞察力は、そう感じさせていた。

また、これ以上戦局が広がることは、おそらく長州側も望んでいないはずだ。このように考えた勝は、**交渉の目的を「停戦」一つにしぼり、占領地からの撤退案は捨石《すていし》に使う**ことにしたのだった。

つまり、命がけで一〇〇を要求し、妥協に持ち込む。結果的に五〇を得る戦略に切り替えたのである。

三つの条件を強気の姿勢で押す勝に、譲らない長州。平行線がつづくなか、交渉の場には、「和平ではないが、とりあえず停戦だけはしておこう」という雰囲気が作り出されていた。

知恵03

捨て身の交渉で道が開ける場合がある

勝は、長州藩とのタフな交渉を終えて大坂に戻る。しかし長州の兵を占領地から撤退させられなかったという報告を聞いた徳川慶喜の態度は冷ややかだった。日本のことを考えて何とか停戦を実現したにもかかわらず、理解しない幕府の上層部に愛想を尽かした勝は、辞表を提出し幕府を去る。

だが、時代は有能なネゴシエーターである勝を放っておかなかった。**「江戸城無血開城」**の熾烈な交渉が待っていたのである。

慶応三年（一八六七）十月。徳川慶喜は天皇に将軍職を返上し、幕府は政権を手放した。いわゆる「大政奉還」である。そして「王政復古の大号令」が布告され、薩長を中心とした新政府が誕生する。

●丸腰で交渉に行かせる

慶応四年（一八六八）一月、京都郊外で、新政府軍と徳川軍とが衝突、鳥羽伏見の戦いが始まる。この時、新政府軍は、天皇の印である「錦の御旗」を掲げて官軍となり、徳川軍は天皇に弓をひく「朝敵」となってしまう。

慶喜は、朝廷に謝罪の嘆願書を送って反省の意をあらわすが、官軍は、慶喜を切腹させなくては気がすまなかった。

官軍は、京都を出発して駿府《すんぷ》にまで迫り、三月十五日を江戸城総攻撃の日と決めた。

慶喜は、和平の道を探るため、勝海舟を徳川の代表にする。官軍のキーマンは西郷隆盛だった。

勝は、江戸を離れるわけにはいかず、代わりに、山岡鉄舟という旗本を駿府に行かせることに決めた。

山岡は、**単身で出向き、相手に刀を渡して和平交渉をする**という。勝は山岡に、西郷にあてた一通の手紙を託す。

「今の日本は、国内での兄弟の争いを避け、外国の脅威に備えなければならない重要な時期にある。あなた方が正しい処置をなされれば、それは日本にとって大きな幸福である。だが一点でも不正な処置があれば、日本は瓦解し、あなた方が乱臣であったという汚名は千年たっても消えることはない」

勝は、官軍や徳川軍という国内事情ではなく、日本を取り巻く世界情勢を踏まえて、和平の重要性を説いたのだった。

知恵04

相手の心理状況を予想する

三月十三日。江戸で勝と西郷の和平交渉が始まった。この会談の前日に、イギリス公使パークスが西郷を呼び出し、「謹慎している慶喜を死に陥れることは国際的な信用を失う」と警告していたのである。

勝は以前から、パークスたちイギリス人とも情報交換を行っていた。勝の交渉の裏には、こうした外国勢の影響もあった。

勝は、交渉場所となった愛宕山《あたごやま》から江戸城下を一望させ、**「明後日にはこれが焼土になるとは」**と訴えつづけた。

最後に勝は、西郷に言った。

「公平な処置をなされれば新政府は天に恥じることなく、朝廷の威光は全国に広がることでしょう」

そのようなハードな交渉の末に、江戸城無血開城が実現したのであった。

伊勢﨑賢治

相手の弱みを見つけても、それを指摘することは絶対にいけない。

国連や外務大臣の特使として、アフリカやアフガニスタンなど、世界の紛争地に赴任した伊勢﨑賢治。多くの武器を保有する軍閥と渡り合い、武装解除を実現させてきた。凄腕のネゴシエーター・伊勢﨑は、勝海舟の交渉の知恵をどのように読み解くのか？　そして実際に、紛争地でどのようなテクニックを使って交渉を成立させてきたのか？

知恵05

目先の利益でなく、中長期的な視点に立って交渉する

交渉のポイントは、中長期的な視点に立つことです。ある決断が双方にとって、将

来的にいかにメリットがあるかを納得してもらうことに全力をあげます。

目先の利益だけを考えるならば、**トップの首をとり、悪い奴らを全員処罰し、武装解除させてしまえばいい。**そうすれば胸もすくでしょう。

しかし必ずと言っていいほど、**後でややこしい政治問題が出てくる**のです。新政権が樹立されても、負けた者がゲリラ部隊を作り、民衆に紛れてテロ活動をするようになる。そうなってしまったら同じことの繰り返しです。日本に限らず欧米の政治家も、そういう視点を忘れないでほしいと思います。

●タリバンから身を守る方法を、論理的に提案する

私が関わったアフガニスタンの紛争問題では、当時は群雄割拠でそれぞれの地域に軍閥があり収拾がつかない状況でした。国としてのまとまりもないのに、それぞれの軍閥に自発的に武装解除をさせて統一政権を作ろうとしました。

彼らにはタリバンという外敵がいるうえに、お互い覇権争いをしていたので武装解除などしたくありません。武器を失えばタリバンが必ず攻めてくる、武器がなければ権力を失うことと同じではないか、と彼らは主張します。

しかし私たちは、あなたたちの武器を集めて新しい国軍を再編制するから心配しな

機関銃をかまえる反タリバン派の兵士たち。彼らを説得して武装解除させることは一筋縄ではいかない。(2001年頃撮影)

くていいのだと説得します。タリバンから身を守るためには、もっと強い軍隊を作る必要がある。**そのためには武装解除が必要なのだ**ということを、**ひとつひとつ論理的に説明**していきました。

その結果として、全軍閥が、その覇権の象徴であった戦車や大砲のすべてを引き渡してくれ、新しい国家の下、単一で最強の国軍を作ることに成功しました。二〇〇五年（平成十七）にはアフガニスタン史上初めての総選挙が行われたのです。

知恵06

相手の弱みを見抜いても知らぬふりをする

タリバン側とは、講和という形で交渉を開始しました。当時は、アメリカを始めとする多国籍軍は「完全勝利」しか頭にありません。しかし戦争は出口が全く見えない状態になっていましたから、和解するしか道はないと分かっていました。

それを見越して、**味方にも内緒**でタリバンに会いにいきました。賭けのようなものです。これは、結果として、戦争終結には至りませんでしたが。

交渉のテーブルについたらまず重要なことは、「聞き役」になることです。**どんな人間が相手でも、まずは相手の主張を聞く。**交渉においてはそれが基本です。無茶な要求をされたとしても、拒否せず聞く。

時間をかけて何度も話をすることで、テロリストと呼ばれるような相手でも、態度が少しでも軟化するのに期待します。その過程で、相手の心理を読み解いていきます。ここでは**懐柔しようという気持ちは全くありません**。

そうしていると、だんだんと相手の弱みを感じ取れるようになってくるのです。しかし相手の弱みを察したとしても、それを指摘することは絶対にいけません。口に出したときに、**弱みは相手にとって本当の「弱み」となり、それを隠すためにたちまち態度を硬化させてしまう**からです。

●相手の顔をつぶさないようにする

勝海舟も、そういう交渉のやり方をしました。江戸城無血開城のとき、軍事経験がある西郷ならば、もし江戸で全面的な市街戦が起きたら、どれだけの損失があるのか知っていたはずです。勝は、それは西郷も望んでいることではないと、西郷の考えを読んでいたのだと思います。

パークスは西郷に対して、官軍が無抵抗な江戸の庶民を攻撃すれば、国際的な信用を失うので戦闘を避けるようにと説きました。

勝海舟の長州藩との交渉　100を要求して50を得る作戦

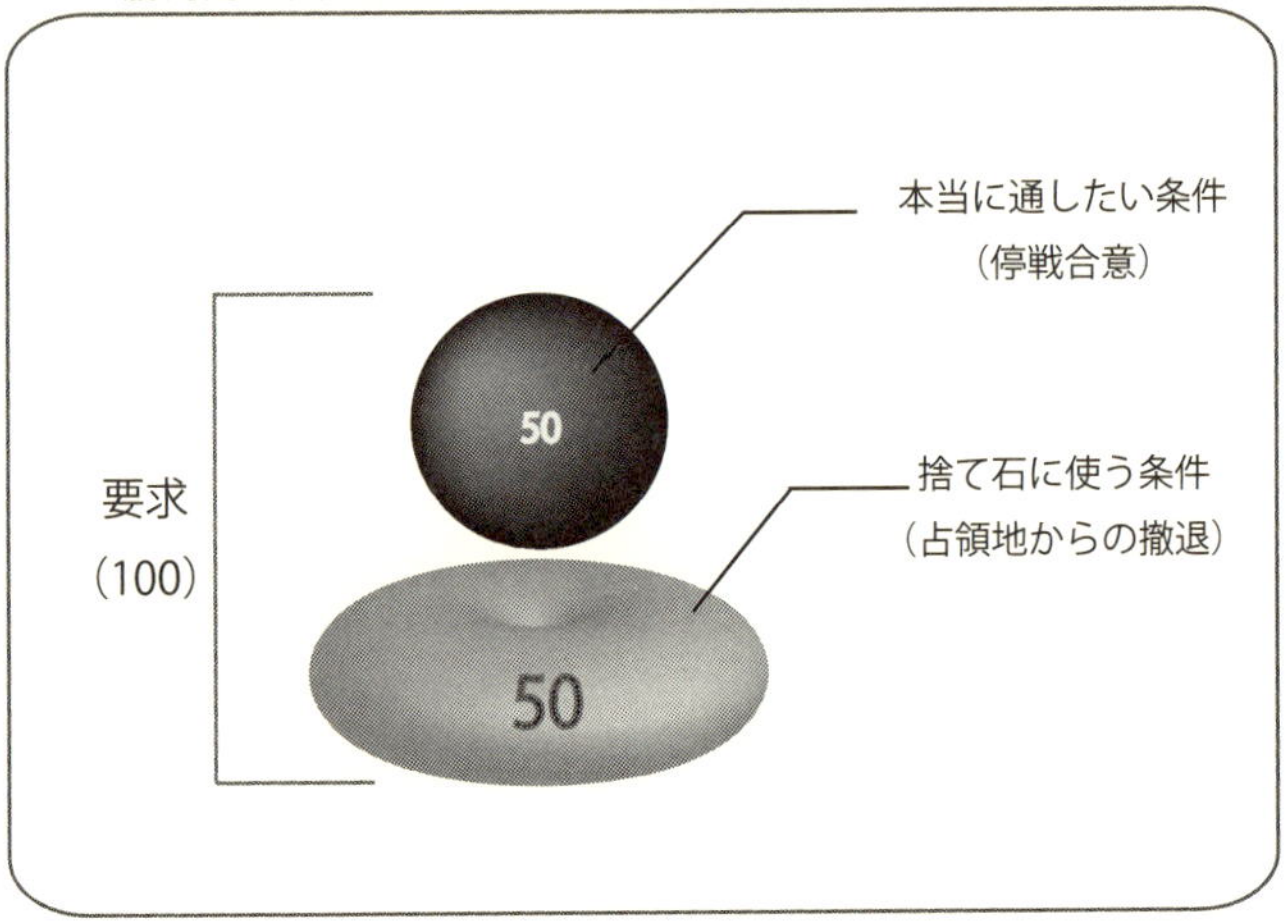
本当に通したい条件
（停戦合意）
50
捨て石に使う条件
（占領地からの撤退）
50
要求
（100）

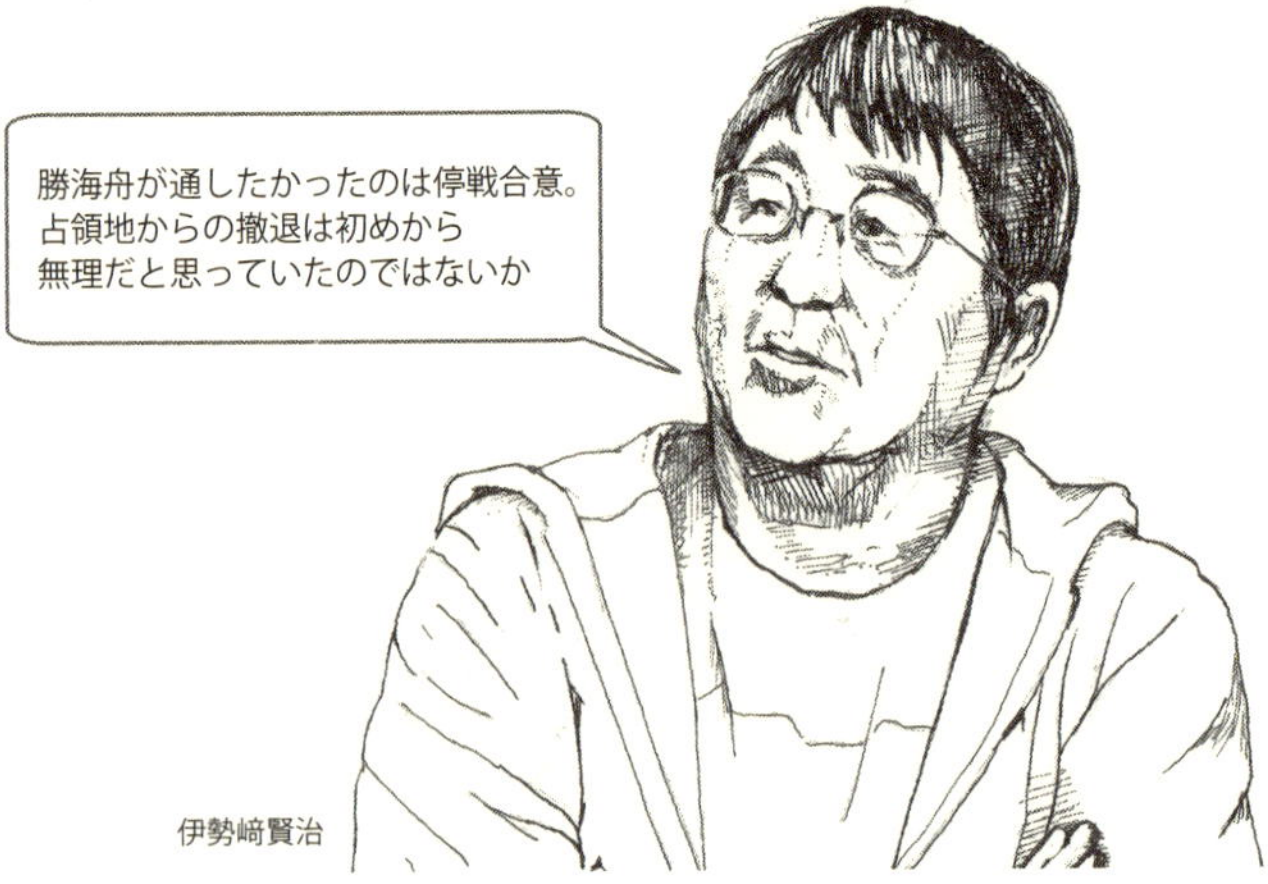
勝海舟が通したかったのは停戦合意。
占領地からの撤退は初めから
無理だと思っていたのではないか
伊勢崎賢治

イギリス公使のパークスが西郷と密談したという一級品の情報も、つかんでいた可能性があります。

勝海舟は西郷の弱みを見抜いていたのではないでしょうか。

しかし一方で、西郷にも新政府軍という立場がある。おいそれと、勝の言うことを呑むわけにもいかない。そのことも勝は分かっていたから、次の新しい国家はこうあるべきだという方向に話をもっていく。**中長期的な視点に立った「落としどころ」を用意しておく**というやり方は、おそらく今でも通じるものがあると思いました。

知恵07 できない約束は絶対にしない

できない約束はしないというのは、交渉の鉄則です。交渉は、その場限りではないのです。**一度失敗しても次があることを、忘れてはいけません。**

しかし、できない約束をしてしまって実現できなくなると、もう相手は会ってくれなくなります。自分が言ったことで自分の首を絞めて政治力を失ってしまった人を、これまで何人も見てきました。

そういう私にも苦い経験があります。我々は、全権を託されて現場に行くわけです。

シビアな心理戦になりますので、現場判断というのが絶対に必要になってくる場面があります。緊急時ですから、普通の組織のように上のハンコをもらっている余裕などありません。

しかし全権を与えた側と、与えられた側の認識が違っていたというのが後から分かることもありました。分かってしまうから具体名は出せないのですが（苦笑）、いろいろな理由で上層部が及び腰になってしまう。梯子《はしご》を外されて、結果的に私は嘘をついたことになりますので、もう二度と交渉相手とは会えなくなってしまいます。

知恵08 交渉の場には丸腰で行く

山岡鉄舟が、江戸を離れられない勝に代わって、駿府にいる西郷に丸腰で面会に行きますね。これに似たことは我々もやることがあります。「軍事監視員」という非武装の軍人と一緒に交渉相手のところへ行きます。軍服は着させるのですが、武装はしない。

武装していると、相手は敵対勢力のひとつとしか見てくれません。そうではない、我々は第三者として話し合いにきたのだと訴えるのです。

アフガニスタン・バクティア州ガルデス。武装解除に応じた小部隊が整列して、登録を待っているところ。右端に立っているのが伊勢﨑。（2003年頃撮影／写真本人提供）

しかし怖いものです。何度も危ない目に遭いました。実際に殉職する者もたくさん出てきます。

アフリカは仁義なき戦いです。我々が丸腰で行く潔さを理解しない人たちを相手にしないといけませんでした。銃を突きつけられて、いつ発砲されてもおかしくない状況がたくさんありました。

それでも屈せずに、今日は一旦帰るけれど、**また来週来るので、そのときは少なくとも我々が部屋にいるときだけは銃を置いてほしい、**というようなことを言うのです。いきなり「武装解除」とは言わず、ちょっとだけ弾を抜いてくれないか、みたいなことから少しずつ始めていくわけです。

知恵 09 幅広い人脈を築いておく

一般論として、まだ戦争が始まっていない**「ピースタイム」に交流をしておこう**というものがあります。敵味方に分かれて戦うはめになったときに、講和や和平がより実現性の高いものになります。

現在も自衛隊と中国の軍幹部が、定期的に交流をしているのはそのためです。

勝は、身分の低い旗本に生まれたため、若い頃から幕府の制度や官僚組織にとらわれず、自分が所属する組織以外の人間と関係を作っていきました。

神戸に開いた海軍操練所には、土佐藩出身の坂本龍馬や、紀州藩の陸奥《むつ》宗光など有能な若者が集まってきたそうです。長州藩の桂小五郎などとも交流したり、当時では考えられないようなことをしたために、幕府の機密が漏れると睨まれて、「お役御免」を言い渡されてしまいます。

はみだしものの利点を最大限に利用し、薩摩や長州の人間だけでなく、イギリス人たちとも交流する。そういう人脈の広さが、最後の最後、絶体絶命のピンチのときに活かされるわけです。

とは言うものの、勝のプレッシャーは相当なものだったはずです。私たちがアフガニスタンやアフリカの紛争地帯に入っていくときは「第三者」の交渉人という立場です。給料をもらって仕事として紛争地帯に入っていきますから、本当に危なくなったら逃げればいいのです。

しかし、勝は「当事者」として交渉に臨むわけです。

こういう場面で、勝が**味方である徳川軍の強硬派から暗殺される**可能性だって充分想定できると思います。勝は孤立無援だった。

では何が勝を突き動かしていたのか。それは世のため、国のためという大義名分があったからだと思うのです。

私なども、普段お店で値切るような交渉は苦手なのですが、自分の行動が世のため、その国のためになると感じた瞬間に思わぬ力を発揮できたことがあります。

第6章

織田信長×澤田秀雄

（株式会社エイチ・アイ・エス代表取締役会長・ハウステンボス株式会社代表取締役社長・澤田ホールディングス株式会社代表取締役社長）

正しいことをやっていれば、ルールは変わる〈既得権の打ち破り方〉

織田信長

古い管理システムを変えて、日本に流通経済を導入する。

新規事業や新商品の開発——。新しく何かを始めるときに、「既得権」との衝突は避けて通れない。すでに社会に浸透している古い仕組みやルールは、どうすれば変えられるのだろう。戦国時代、織田信長の前に立ちはだかったのは、守護大名や寺社である。彼らは、強大な経済力と軍事力がある既得権者だった。信長はどのようにして、既得権を打ち破り、活路を見出していったのか?

知恵01 チャンスは不満解消にある

戦国時代、商人は自由に商売をすることができなかった。

商売をしたければ、寺社に多額の登録料を払い「座」という組合に入らねばならない。参入できない新興商人たちは、不満をくすぶらせていた。

信長は、そこに目をつける。彼らを味方につけることで、莫大な富を集めた信長は、天下統一への道を歩み始めた。それは武力一辺倒ではない信長の知恵だった。

●商人の気持ちを知っていた

天文三年（一五三四）、尾張は勝幡城《しょばたじょう》（愛知県愛西市と稲沢市）に生まれた織田信長は、生まれながらにして**「商業型の武士」**だった。

織田家の配下にあった津島は、伊勢湾の海運と木曽川の水運を結ぶ地点にあり、商売の要港として栄えていた。

関東から都へ物資を運ぶための一大中継地点が津島だったのだ。当時の航海技術では、関東から都へ物資を運ぶとき、黒潮に阻まれ、紀伊半島をまわることができなかった。そのため、津島に近い伊勢や四日市で荷を降ろし、陸路で鈴鹿峠を抜け、大津へ向かうルートが使われていた。

信長は、物流の拠点としてヒト・モノが行き交い、活況を呈した商都で、商人たちの息吹を間近に感じながら生まれ育った。

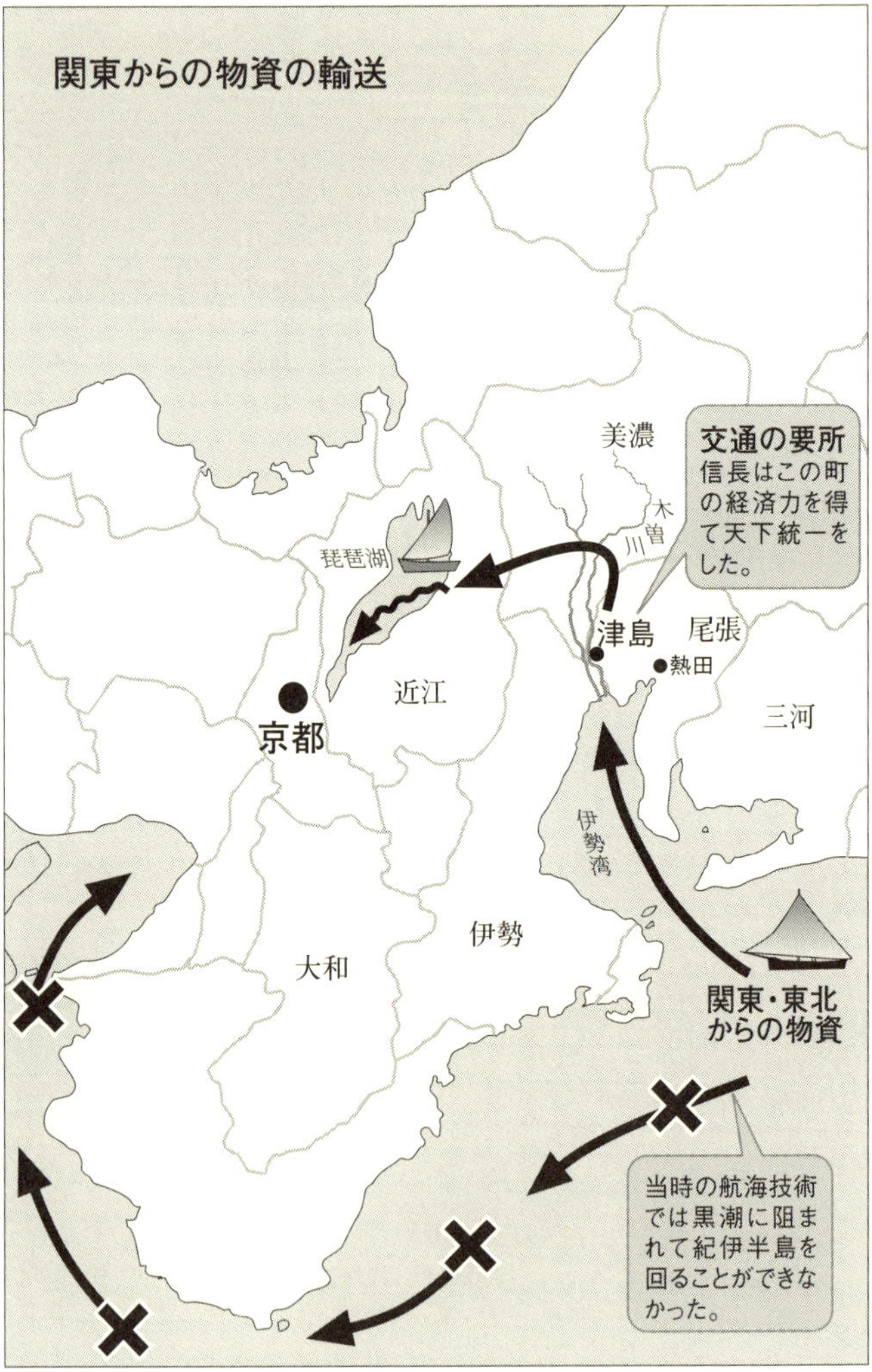

関東からの物資の輸送
美濃
交通の要所
信長はこの町の経済力を得て天下統一をした。
木曽川
琵琶湖
津島
尾張
熱田
近江
京都
三河
伊勢湾
伊勢
大和
関東・東北からの物資
当時の航海技術では黒潮に阻まれて紀伊半島を回ることができなかった。

●お客には、いいモノを安く売る

商品経済が発展していった鎌倉時代後期から室町時代、市場は寺の境内に立つことが多く、そのなかから商品ごとの同業者組合「座」が生まれた。「座」に所属するために支払う多額の登録料が、寺社に莫大な富をもたらした。さらに寺社は、「守護不入」という権益を持っていた。合戦の際、大名は寺社に攻め込まないという協定があったのである。

そのため各地の商人は、荷物や財産を寺社に預けた。それが発展して、物品を担保とした**「土倉《どそう》」という金貸し業**になる。寺社は当時の**銀行**にもなっていった。

これらの収益によって寺社は巨額の富を蓄えるが、商人だけでなく、為政者も「座」の専制に頭を抱えていた。市場を支配する寺社に利益が集中し、「座」によって商品の流通も支配されていたからである。

「座」を撤廃しなければ商品経済の自由な発展は見込めない。このような**社会的な不満に目をつけ、ニーズに応えた**のが信長だった。

領地を商業地として活性化したい、商人たちからの利益で国づくりをしたいと考えた信長は、領国内の岐阜に、新たな市場を開く。「座」に属さなくても自由に商売ができる「楽市《らくいち》・楽座《らくざ》」である。

信長の目論見は当たる。「座の特権は認めない。売買は自由である」という制札を見た商人たちは、楽市に殺到した。

楽市・楽座はなぜ成功したのか。その秘密は値段にあった。多くの商人が参加できる楽市では**価格の自由競争**が生まれ、**モノの値段が下がった**。その結果、多くの客がやって来たのである。

商人たちは、いい品物をたくさん買ってもらうために、ニコニコ笑って接客にも力を入れるようになる。楽市では、商売の基本ができあがっていく。当時の岐阜の様子を、宣教師ルイス・フロイスは「塩を積んだ馬や、反物をたずさえた商人が諸国から集まり、バビロン(古代都市)の混雑を思わせた」と記録している。

知恵02 リスクを恐れず、逆を張る

楽市は、信長以前にも行われていた。しかし、商人の不満を解消しようとする信長の姿勢はより徹底していた。自身の領地では**関所を撤廃**したのである。

当時、寺社や公家は、自分の荘園を通る道に関所を設け、**通行料を徴収**していた。

大坂の淀川河口から京までには、多い時で三百八十もの関所が設けられていたという。関所は、戦国大名にとっても収入源の一つ。しかし、人を領内に集めて商人を味方につけたい信長は関所をすべて廃止した。だが、これには大きなリスクがあった。戦国時代の関所は**防衛施設**でもあったからだ。

凶悪犯が街道に入り込んだ場合、関所を一斉に閉めて動きを封じる。また道や橋を整備し交通の利便性を高めれば、敵に攻め込まれやすくなるリスクも招くので、多くの場合、道は狭く曲がりくねったままで、川には橋も架けなかった。

しかし信長は、その逆を張る。関所や悪路で閉ざされた安全よりも、物流の活性化を優先したのだ。

商人や客の通行を盛んにするために川に橋を架け、険しい道はならし、石を退けて広い道を整備する。街道には商人や旅人が木陰で休めるよう柳を植えた。

琵琶湖に架かる「瀬田の唐橋」、京都と近江をつなぐこの橋を現在の場所に架け替えたのも信長である。人々は「誰もが安心して行き交うことができる『ありがたいご時世』だ」と感謝した。

信長は**兵農分離を行い**、**専門の常備軍を創設**し、領内の守りにあたらせ、治安維持の施策も怠らない。商人たちは**夜間でも安全に旅ができる**ようになった。

信長が架け替えた瀬田の唐橋は、今も地元の人の生活に欠かせないものとなっている（上）。1857年に、歌川広重が描いた「魚栄板近江八景」（うち瀬田夕照／大津市歴史博物館蔵）（下）。

知恵03

変化する時代のニーズに即応する

街道を整備し、川に橋を架け、常備軍を創設する。それを可能にしたのも信長の経済力の大きさであった。

領内に津島港と熱田港を抱える信長は、**港で徴収する関税、港を利用するときの港湾利用税**などで収入を得られる。商品の流通量が増えれば、関所で徴収する税がなくとも、市の権利で儲からなくとも、ケタ違いの収入を得ることができた。それは信長の優れた商売感覚のせいでもあったが、同時に世の中の欲求でもあった。戦国時代は、いわば「高度経済成長時代」だったのである。

大航海時代で、南蛮貿易も盛んになった。日本からは銀を輸出するようにもなった。流通量が、以前とは比べようがないくらい飛躍的に増大して、日本が大きく発展しようとしているときに、古い管理システムではダメだというのは、社会の声でもあったのだ。

従来の経済規模が一兆円とすれば、信長が握っていたのはそれの五十倍である五十兆円ほど。この経済力を基にして、信長は圧倒的な強さを誇る軍事力を整備する。軍事力の要、火縄銃に必要な火薬の原料となる硝石《しょうせき》は、当時輸入に頼らざるをえなかった。東南アジアからの貿易ルートをおさえ、硝石を買いつけるには、何にもまして経済力が不可欠だったのだ。

人や物が諸国を自由に行き来する。そのような時代を迎え、既得権勢力は為《な》す術もなくなる。独占販売権を維持できなくなった「座」は、信長の「楽市・楽座」以後、急速に衰退するのだった。

「天下布武」の道を歩んだ信長の戦略を可能にしたものは、その優れた経済力、経営センスにあった。歴史にｉｆはないが、志半ばで破れた信長が、もし本能寺で斃《たお》れることなく生きていたら、その後の日本経済はどのような姿になっていただろう。

澤田秀雄

既得権者の抵抗よりも、
お客さまのニーズに応える。その感動が
本物なら、対価は支払われる。

大手旅行会社「エイチ・アイ・エス」の創業者、澤田秀雄。国内でいち早く格安航空券を導入し、運賃を引き下げた航空会社を起こし新規参入を果たすなど、新たなチャレンジを繰り返してきた。

さらに、長年赤字に陥っていた長崎のテーマパーク「ハウステンボス」を、わずか半年で黒字化させ、企業再生の手腕も高く評価されている。旅行業界の革命家は、戦国の革命児・織田信長の手腕をどのように読み解くのか？ そして実際に、どのようにして大手旅行会社の既得権益と戦ってきたのか？

知恵04 不満と疑問をビジネスの出発点にする

昭和五十五年（一九八〇）、私は国内でいち早く格安航空券を導入しました。エイチ・アイ・エスは、今では店舗数国内三〇三、海外一八二拠点、海外旅行の取扱高で日本最大級の旅行会社へと成長しました。

またＬＣＣ（Low-Cost Carrier＝格安航空会社）事業の先駆けとなるスカイマークを起こし、平成十年（一九九八）国内の定期航空運送としては三十五年ぶりの新規参入も果たしました。

新たなチャレンジを繰り返してきた私のビジネスの原点、それは学生時代に経験した不満や疑問です。

私は昭和四十八年（一九七三）に旧西ドイツのフランクフルト近郊、マインツ大学経済学部に留学しました。格安航空券に出会ったのはこのときです。大学の構内にある旅行センターでは、**当時十五万から十六万円したニューヨークまでの往復航空券が、半額の六万から七万円で売られていた**のです。私は留学していた四年半の間、大学が休みに入ると、この格安チケットを利用して全世界を旅行してまわりました。

昭和五十一年（一九七六）に帰国してまず感じたのは「航空券が高すぎる」という不満です。相変わらず、日本から外国へ行こうとすると倍の値段がする。国内線にしても各社横並びで価格競争をせず、さして値段は変わらない。

「自由主義経済はどこにいったんだ？」という疑問がふつふつとわき起こりました。

知恵05

正しいことをやっていれば、自ずとルールは変わる

格安航空券を主力商品にして会社を立ち上げたのは昭和五十五年のことです。西新

宿のマンションの小さな一室が事務所代わりの本当にささやかなスタートでした。

市価の半額ほどで売り出した航空券を、開業当初はお客さまも怪しんでなかなか買ってくださらない。

一度店頭にいらして、「少し考えてみて、また来ます」と仰《おっしゃ》っても、それきりなんてことはざらです。開業してから半年ほどは、ほとんど商売になっていませんでした。

そんな苦節を経て八〇年代末からパッケージツアー市場に本格参入し、大手旅行会社と正面から競合するようになりました。好景気と円高の追い風も受けて収益が拡大し、売上規模が百六十四億円になったのが平成元年（一九八九）、その頃から既得権を持っている人たちにずいぶんいじめられました。

まず、航空会社からチケットを仕入れることができない。業界の大手旅行会社が**「エイチ・アイ・エスと取引をしたら、今後はそちらとの取引を中止する」**と圧力をかけていたのです。

当時も今も、会社の主力商品は格安航空券ですから、仕入れの大元を閉められたら致命的です。ビジネスが頓挫するのではないかと危機感を抱いたことも、一度や二度ではありません。

創業まもない頃の写真（上）。昭和58年（1983）、創業から3つ目となる東京・新宿の本社オフィス。左下にいるのが澤田。この頃はまだ会社は小さく、社員の生活を守るのに必死だったという（下）。（写真／本人提供）

●今あるルールが正しいとは限らない

ただ、私には**「我々がやっていることは、正しいことだ」**という信念がありました。当時、日本発海外行きと海外発日本行きの運賃格差は、エコノミーでも十万から十五万円あり、この「内外価格差」にはみな不満を抱いていました。

何より店頭でお客さんたちと直《じか》に顔を合わせる社員たちは、市場のニーズと業界のルールとの乖離《かいり》を肌で感じていました。外圧がかかるほど社員も燃え上がり、新たな仕入先を開拓して圧力をはね返そうと、会社全体の士気が高まっていったのです。

今あるルールが絶対的に正しいとは限らない、正しくないルールはどんどん変えていくべきです。正しいこと、**即ちお客さんに求められているものを提供し、喜ばれるものを売れば、ルールは自ずと変わっていく**のです。そこに向かって進んでいるという感触が私にはありました。

知恵06 そこでしか味わえない感動を与える

十八期連続で赤字だった事業を、六カ月で黒字転換させたハウステンボスも、経営を打診された当初はお断りしていました。

テーマパークという事業を成功させるには条件がいくつかあって、一つには消費地が近くにあること。**ディズニーリゾートでいえば二千万人という関東の大消費地が隣接していますし、おそらくお客さんの六割から七割は関東のはずです。**

かたやハウステンボスは佐世保、長崎を合わせても数十万人。にもかかわらず敷地はディズニーランドの一・六倍の面積があります。

交通インフラの整備状況も厳しいものでした。長崎空港に来るソウルや上海からの便は週二本程度。しかし成田空港や羽田空港へは、世界各地から三十分とか一時間に一本は発着があります。

東京駅から舞浜までは二十分ほどですが、**ハウステンボスは長崎空港から一時間かかるという厳しい立地条件**を抱えていました。

経営に参画した当初は、エイチ・アイ・エスでの戦略をもとに、入場料を徹底的に下げるという方針で臨みました。私が経営に参画した当初、入場料が約三千円、それを下げて夜間などは二千円、無料にしたりもしましたが、これは全く失敗でした。

そこで一八〇度方針を変え、入場料を上げました。今では大人（十八歳以上）の一日入場券が六千百円です。これはお客さんを呼べるコンテンツを打ち、そのクオリティを上げていくためには必要なものだったのです。

●堂々と「日本一」「世界一」を謳う

たとえば、場内のバラ園では「1000品種　100万本のバラ祭」というイベントを毎年開催しています。バラの育種家として世界的権威であるアラン・メイアンさんという人から「ここは奇跡のような場所」と絶賛されました。圧倒的な規模と密度でバラの香りと眺めを楽しめる。それこそ日本一、アジア最大級のバラ園です。

また「光の王国」というイルミネーションの催しは、「世界最大級1100万球超の輝き」と謳っていますが、これなども夜景鑑賞士が選ぶ全国イルミネーションランキングで二〇一三、二〇一四年の二年連続で第一位（総合エンターテインメント部門）をいただいています。

実際にご覧になって確かめていただきたいのですが、本当に誰も見たことのない光のスペクタクルをお目にかけていますよ。

こういったコンテンツを実現するには、入場料の値上げは必須でした。それによって、私は他のテーマパークでは絶対に見られない、**ハウステンボスでしか経験することのできない「感動」を味わってもらいたかったのです。**

その感動が本物であれば、お客様は多少高くともそれに見合った対価を払ってくだ

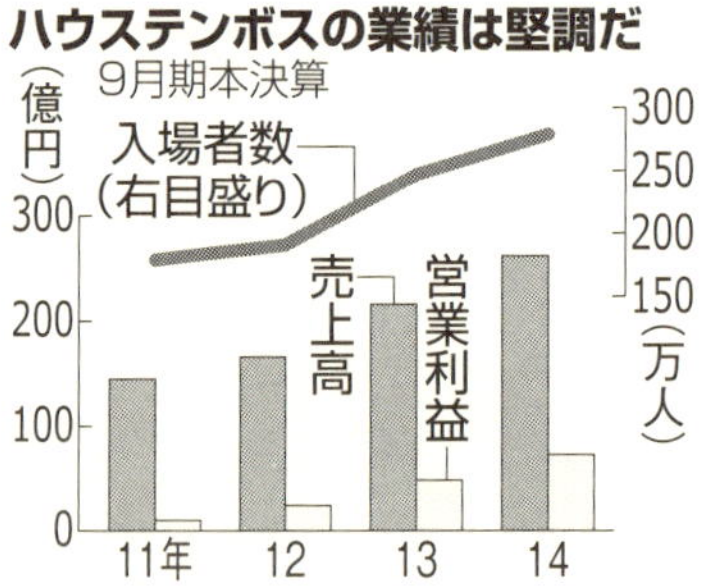

「光の王国」の点灯式では、華やかなイルミネーションが園内を彩った（上）。ハウステンボスの堅調な業績（朝日新聞・2014年11月28日付／下）。

させる。一時は会社更生法の適用を受けるまでに追い込まれたハウステンボスが見事に業績を回復したことが、それを証明しています。

知恵07 「時代に合っているか」「社会のためになるか」と問いかける

ビジョンがないのは、行き先のない船のようなものです。これからベンチャーを目指す人たちには次のことを大事にしてほしいと思っています。

1、自分がやろうとしていることが、今、この時代に合っているか
2、それが世の中・社会のためになっているか
3、それがビジネスとして成立するか

多くの人にとってビジネスとはまず、三番目のことでしょう。だけど、「時代に合っているか」「世の中・社会のためになっているか」を忘れないでほしい。

ビジョンや目標、夢こそが、事業をどういう方向へ導き、自分がどこへ進むべきか、

指針となるものだからです。**その指針がなければ、市場の動向に右往左往するだけ**で、決して成功することはないでしょう。

私が既得権勢力と戦い、打ち破ることができたのは、ビジョンを見失うことがなかったからだと、今、振り返って思います。

●旅行産業を広げて、戦争をなくしたい

会社が小さかった頃は、そんなことを考える余裕はありませんでした。社員の生活を守るのに必死で、旅行はビジネスの道具でしかなかった。しかし会社が大きくなるにつれ、こう考えるようになりました。

旅行会社とは「平和産業」だと。旅行というのは平和でないとできません。

さらに、違う国、違うコミュニティを訪れ、その文化に実際に触れて理解するという意味では、旅行は学びや教育でもあります。何より旅は、人生に彩りと深みをもたらします。少しでも多くの人に旅行を楽しみ、人生をエンジョイしてもらいたい。心豊かに暮らす人は、争うことよりも、他者と助けあって生きることを選ぶはずです。

私の目標は、旅行産業を全世界に広げてたくさんの人を幸せにし、世界から戦争をなくすことなのです。そのお手伝いを全世界でやりたい。だから会社を世界に広げ、

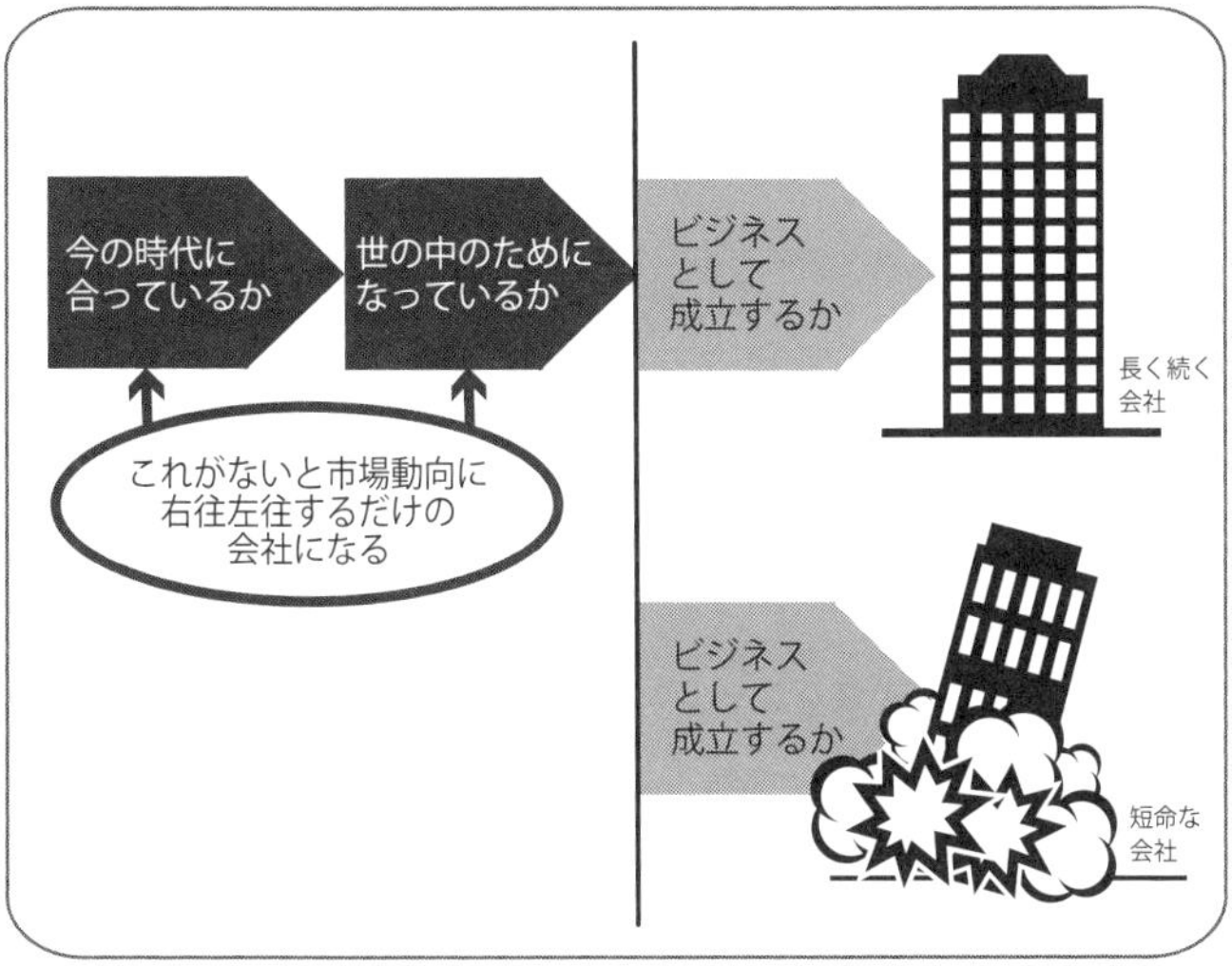
今の時代に合っているか
世の中のためになっているか
これがないと市場動向に右往左往するだけの会社になる
ビジネスとして成立するか
長く続く会社
ビジネスとして成立するか
短命な会社

“世の中のためになっている”。
会社を長くつづけるためにはこれが必要だと、
会社を興してから気がついた

澤田秀雄

世界一の旅行会社にしたい。

●誰かがやらないといけない使命を果たした

時代が大きく変わるときには、古いルールを乗り越え、世の中のためになる事業を起こそうとチャレンジする人が出てくるものです。楽市・楽座にせよ、関所の撤廃にせよ、信長が行った改革は、新しい時代が求めるニーズに応えたものでした。信長という人はまさに、その大きな志を抱えた人だったのでしょう。

時代に求められること、即ち正しいこと。それに誰かがチャレンジしていかないと、国は弱り、民は疲弊します。それがお客様のため、ひいてはスタッフのため、そして世界の人々のためになるのなら、たとえ抵抗がいかに強くとも、チャレンジしなければなりません。

私は旅行業界の既得権を突破したビジネス上の成功者として見られますが、これは私の業績というより、誰かがやらなければいけなかった使命を果たした、私にはそのように思えるのです。

第7章

「執念ある者」たちで集まれ〈既得権の打ち破り方〉

長谷川等伯

×

松井道夫

(松井証券代表取締役社長)

長谷川等伯

「狩野派」という巨大な
既得権に立ち向かい、
自身のスタイルを磨き上げた。

北陸・能登で絵師をしていた長谷川等伯《とうはく》が養父母を相次いで亡くし、都での成功を夢見て上洛するのは三十三歳のときだった。しかし、そこに大きな壁が立ちはだかる。天才絵師・狩野《かのう》永徳《えいとく》である。

永徳を始めとする狩野派は、数百人もの絵師を抱える「巨大制作プロダクション」だった。信長や秀吉、朝廷からの仕事を一手に引き受け、桃山時代、都の画壇に隆盛を極めていたのだった。それは、マーケットを独占する巨大企業に対し、一介の職人がその製品の質のみを武器に戦いを挑むようなもの。

己の腕一本を恃《たの》みに、長い雌伏のときを経て描きつづけた等伯は、いかにして天下一の絵師となり、自身の画を確立したのか？

知恵01

相手の特技を徹底的に研究する

熱心な日蓮宗の信徒であった等伯は、上洛すると、まず同じ日蓮宗の本法寺《ほんぽうじ》を頼った。このつてをたどって、京都の裕福な商人たちから仕事を引き受けるようになる。

北陸三県では、すでにいくつもの名作を残していた等伯は、永徳には及ばなくても、都で三番手、四番手ぐらいの絵師にはなれるという自信があったのかもしれない。

しかし、等伯にくる仕事は陶器の絵付けや、挿絵の下絵といった小さな仕事ばかり。なぜ満足な仕事の依頼がこず、狩野派ばかりに注文が殺到するのか。それは狩野派の絵画のなかに人々を惹きつける魅力があるからだ。そう考えた等伯は、**狩野派の手法を徹底的に研究**した。

また、等伯は、狩野派を研究する一方、**自分にあって狩野派にないものは何か**を考えぬく。

狩野派は、花鳥画や山水画など、権力者の城を飾る大量の「襖《ふすま》絵制作」にかかり切りで仏画はあまり手がけてこなかった。対して等伯が育った長谷川家は、日蓮宗の門徒。養父の宗清《むねきよ》も、養祖父の無文《むぶん》も絵仏師として活躍している。仏画はいわば等伯のお家芸だった。等伯はここに活路を見出そうとする。

本法寺の住職・日堯《にちぎょう》上人の肖像画は、まだ等伯と号する以前に、「信春」と名乗っていた時代に描かれた作品である。画の中の教典の一文字一文字まで判読できるほど丹念に、精密に描き込まれているこの画は、都でも高い評価を得た。

しかし、この画を数少ない例外として、長い間、等伯は大きな仕事には恵まれなかった。等伯の辛抱と精進のときがつづいていた。

知恵02 ときには退路を断って挑む

等伯が上洛して十八年目、五十一歳のときのことである。等伯は、人生の突破口を開くかのように、ほとんど無謀ともいえる行動に出る。

かねてより大徳寺の襖絵を描きたいと申し出ていたが、住職はそれを断りつづけてきた。だがある日、住職の不在時に訪れた等伯は、**そのまま勝手に上がりこむと、一気に襖に水墨画を描いてしまう。**

これが大徳寺の塔頭《たっちゅう》・三玄院の襖に描かれた「山水図襖」である。襖に元々施されていた桐紋様を、降りしきる牡丹雪に見立て、山間《やまあい》に静かにたたずむ楼閣を描いている。豊臣家の家紋である桐があしらわれた襖の上に描くという、**命がけ**とすら言える制作だった。

●ライバルに妨害されたら本物だ

大徳寺での仕事を終えた翌年、ようやく等伯に「天下一の絵師」となるチャンスが巡ってくる。御所での大仕事、当時造営中であった建物に障壁画を制作するよう命じられたのだ。宮廷御所の作品の御用を承ることは、当時の絵師たちにとって最大のステータスだった。

しかし、狩野派は以後の仕事を、等伯に奪われかねないと危機感を抱く。そして狩野派総師・永徳自らが先頭に立って妨害工作を講じるのだった。あえなく、この依頼はご破算となっただけでなく、等伯に絵具を売らぬよう、職人を斡旋せぬよう、業界全体にまで圧力がかけられた。

この妨害は、等伯の名が、それほどまでに高まっていたことの裏返しでもあった。ほどなくして等伯のもとに再びチャンスは訪れる。秀吉が、幼くして亡くなった息子・鶴松《つるまつ》の菩提寺・祥雲寺を建立し、その障壁画の制作を等伯に命じたのだ。

知恵03

得意な技で活路を開く

今度こそ自分の腕を存分にふるうことができる。等伯は、狩野派にはない、自分にしか描けない画を模索した。

当時、狩野派が得意としたのは、力強く遠近感のある画風。対象を立体的に描くことで、そこに現実的な空間を作り出していた。しかし、子を亡くした秀吉の悲しみを汲んで、等伯は全く別の手法をとり祥雲寺の障壁画を描き上げた。

「楓図」は、中央に描かれた木が、両腕を広げるように左右に枝を伸ばし、見る者を包み込むかのように描かれている。特徴的なのは幹の部分。狩野派とは異なり、立体感を出さず平板に描くことで優しさをたたえ、見る者の心の内に響く独自の画を生み出した。

これは「家の芸を継承すること」を重んじる狩野派の画家たちにはなかった作風だった。等伯にしか描けない画を見事に描ききって、彼は天下一の絵師への階梯《かいてい》を着々と登り始める。

この障壁画を完成させた翌年の文禄二年（一五九三）、等伯は息子の久蔵を二十六歳の若さで亡くす。悲しみを背負い、鎮魂の気持ちを込めて描いた「松林図屛風」は、水墨画の傑作と言われ、国宝となっている。

松井道夫

経営に教科書はない。時代を読み抜き、可能性から発想せよ。

大手証券会社・松井証券社長の松井道夫。松井は、株取引の主流であった対面営業や電話取引を廃止し、本格的なインターネット取引をいち早く導入するなど、数々の慣行を打ち破り、証券業界に衝撃をもたらした。

「証券業界の風雲児」は、巨大勢力にたった一人で挑んだ絵師の知恵をどのように読み解くのか？　そして実際に、どのようにして証券業界の既得権益と戦ってきたのか？

知恵
04
お客さん側の利害に立って考える

私が松井証券に入る前、日本郵船に勤めていた頃、海運業界は凄まじい価格の自由化競争にさらされていました。その中で徹底して教えられたのは、「コストというのはお客さんが選ぶもの。客から選ばれないようなコストをかけて成り立っている事業など虚業だ」ということでした。

では実業とは何かといえば、**「コストに見合ったリターンがあること、お客さんの利害に立っているもの」**でしょう。

ところが、身を転じた証券業界は、当時大蔵省の保護下に置かれ、売買手数料や商品は、各社どこも横並び。価格は法定、既得権に守られ競争もせず、それにもかかわらずバブル景気の追い風もあってボロ儲けです。私は夜の接待はあまりしないほうでしたが、そうとも言っていられず、形だけでもすることがありました。すると翌日には百万とか二百万といった手数料が入ってくる。何のために酒を飲むのかと言えば、翌日の手数料のために飲むようなものでした。

体がいくつあっても足りない。だから接待はほどほどにしました。すると、あるフアンドマネージャーから「松井さんは鷹揚《おうよう》だね」と皮肉を言われたこともあります。ある意味、ファンドマネージャーも常軌を逸していました。

日本郵船では、どんなに一生懸命仕事をしても、一向に儲けは出なかった。にもかかわらず、同じ空の下にこれだけボロ儲けできる業界があることを知った。この証券業界の体たらくを目にして、いつかきっとバチが当たる、お天道さまが許してくれるはずがない。私は怒りを覚えました。

●答えは自分の心のなかにある

等伯が能登から京都に出てきたのは三十三歳でしたが、私が日本郵船を辞め、岳父が経営する松井証券に入社したのは、三十四歳になる昭和六十二年（一九八七）のことです。

後に、株取引の主流であった対面営業や電話取引を廃止し、**本格的なインターネット取引**をいち早く導入して、業界の数々の慣行を打ち破ってきた私の経営の根幹には、転職当時の、そういう怒りがあったと言えるかもしれません。

義憤や社会正義を振りかざすつもりはありませんが、郵船時代に学んだ「実業」を、私は証券の世界で徹底的にやってやろうと。

よく、商いというものは損得を考える前に善悪を考えろと言いますね。それはその通りなのですが、その善悪というものも、神様が決めるわけじゃなし、結局は**自分の心のなかで決まること**。私もまた、やりたいと思ったことをやってきただけです。

それに、あの頃は若くて、気力、体力ともに充実していて、何より証券業界の右も左も分かっていませんでしたから、あれだけ大胆な経営改革ができたのでしょうね。

知恵05 自分がコントロールできないものとは戦わない

実際、証券業界は「バブル崩壊」というバチが当たりました。

しかし、誰かを非難することは、結局は不満にすぎません。不満というのは、自分ではなく他人に対する感情ですから、コントロールすることができません。だから生産性がなく、いくらためこんでも何も生まれない。

「不安」だったらまだいい。**不安は自分のなかから生まれる感情で、その分、自分でコントロールできます。**

大リーグで大きな実績を残している松井秀喜やイチローが、あるインタビューで「MVPを目指しますか？　打点王を狙いますか？　首位打者を目指しますか？」と

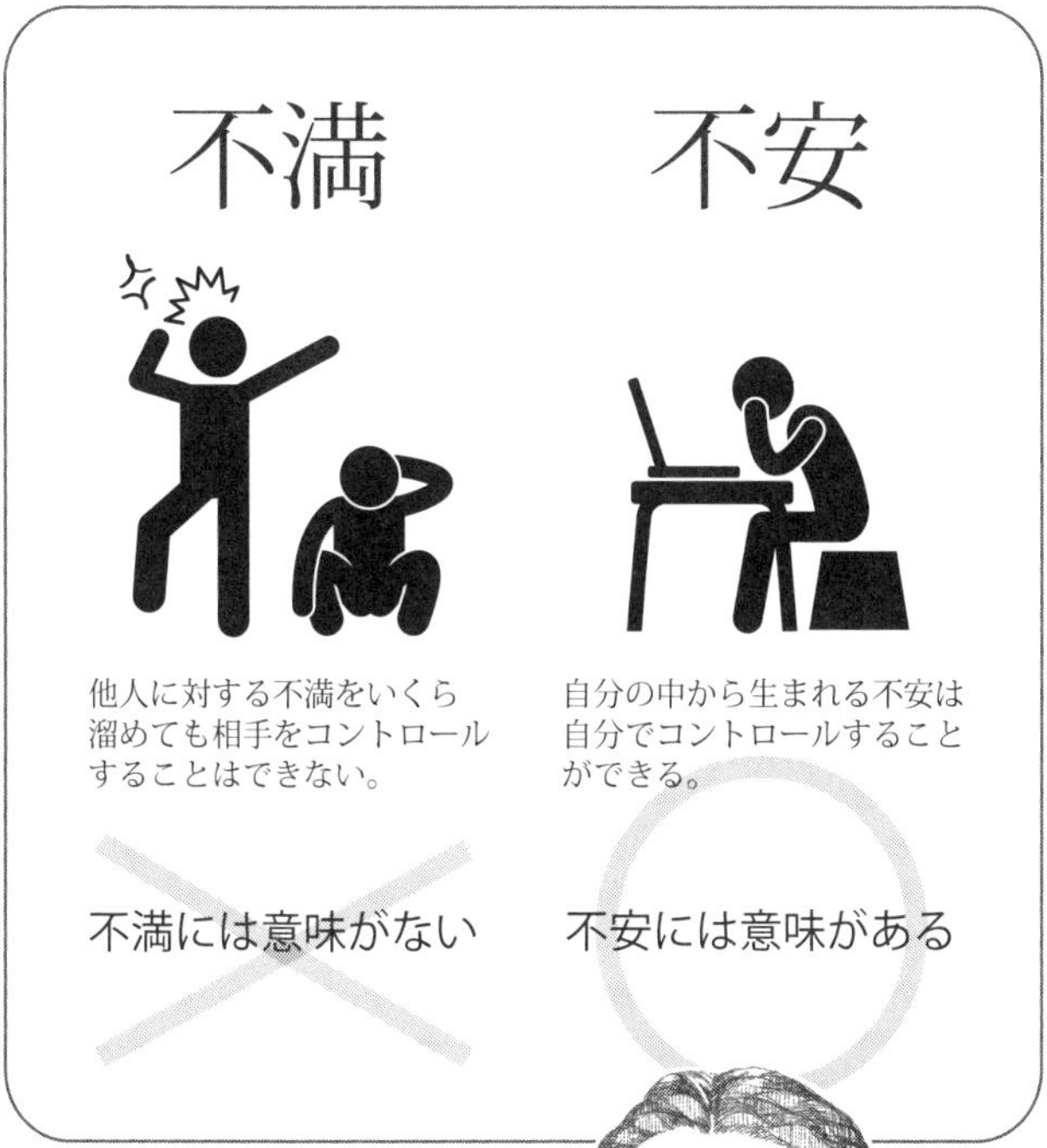
不満
不安
他人に対する不満をいくら溜めても相手をコントロールすることはできない。
自分の中から生まれる不安は自分でコントロールすることができる。
不満には意味がない
不安には意味がある

自分でコントロールできない不満に意味はない

松井道夫

問われて、**「自分がコントロールできないものと競ってもあまり意味がない」**と、奇《く》しくも同じことを答えていました。

自分がどんな打撃をしてどんなプレーをしようと、他人の打率やバッティングをコントロールすることはできません。MVPとか打点王であるとか、そういった評価軸は、自分が何本ヒットを打ってどんなプレーをしても、コントロールできない。他の選手の成績や活躍との相対的な関係で決まってくるものです。

そのとき自分ができることに、粛々とベストを尽くす。一本でも多くヒットやホームランを打てるよう努力するだけです。

出世なんていうのもこれと同じ。上司を選べるわけでもないし、その上司の感情だって操れるわけがありません。

知恵06 「時代の流れ」を読みきる

岳父の跡を継いで社長になった翌年、私は**「株式保護預かり口座管理料を無料にする」**と宣言しました。社内からも「業界秩序を破壊するようなことは絶対に許さない」と**大反対**が起こりましたし、いわんや社外では、日本中の証券会社の営業マンが顧客に**「松井証券はとんでもない会社です」**と言って回る事態になりました。しかし、これが逆の効果を生み、彼らの思惑に反して松井証券がますますクローズアップされることになったのです。

行政から保護されて、規制でがんじがらめになっていた八〇年代ならば、監督官庁である大蔵省によって撥《は》ね返されていたでしょうね。

黙ってさえいれば、業界全体で「保護預かり料収入」は、年間で何百億円かになっていましたから。しかし、**保護預かり料の無料化を禁じた法律はない**のです。段階を踏んで引き下げてから、私は無料化を断行しました。

●自由化を予測して先手を打っていた

この施策がうまくいったのは、時代のタイミングと合ったからという他ありません。時代の流れを読むことは、言うは易く行うは難し。運も、もちろんあります。

しかし、バブルの頃から、**近い将来、証券業界に自由化の波が来る**ことは目に見えていました。官僚は何も助けてくれず、猛烈な競争のなかに放り出されるはずだ。それが私の読みでした。

この頃から、私なりに「証券業におけるコストとは何か?」「競争で大事なことは

コスト構造の比較（例）

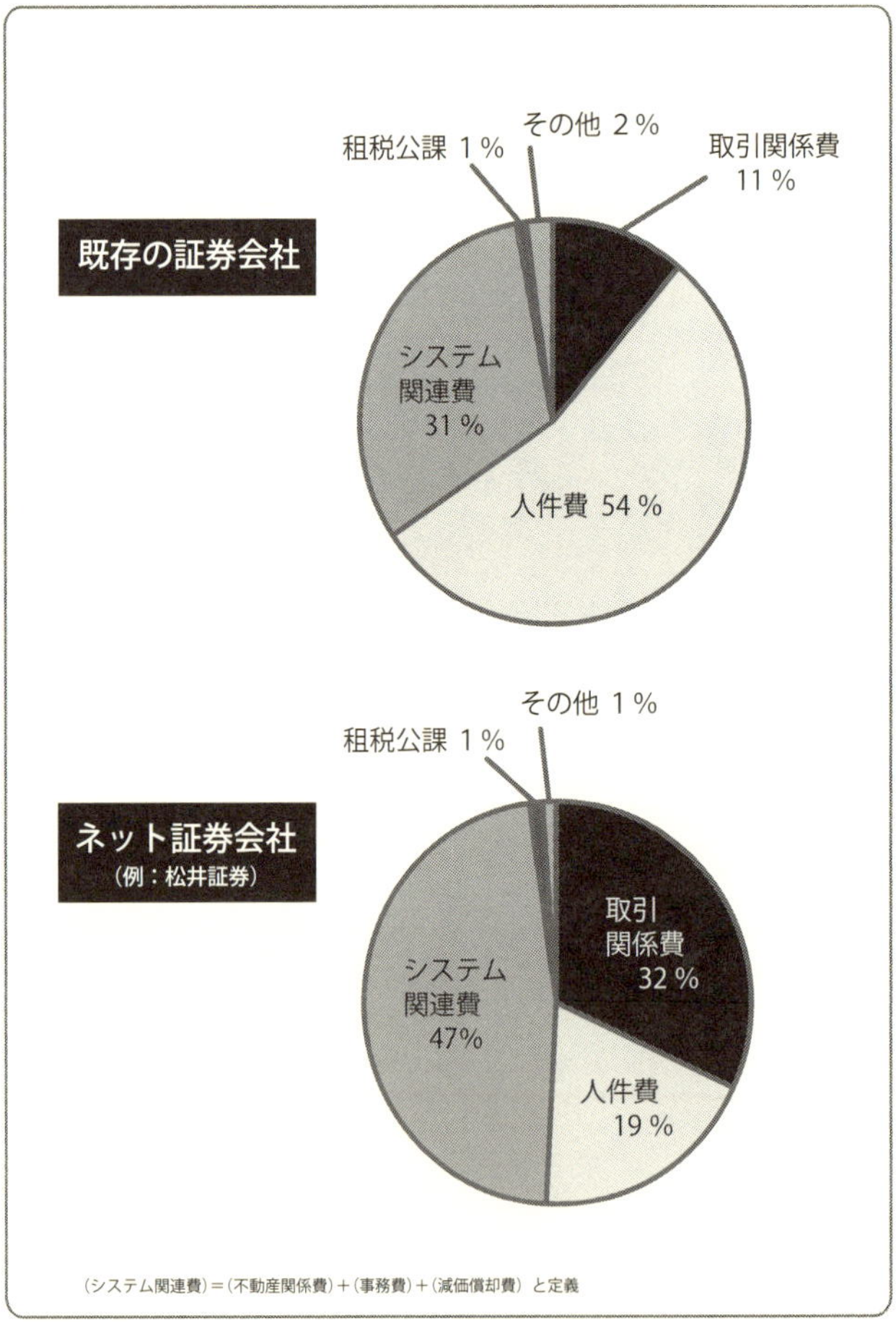

参照：イノウ編著，玉田俊平太 監修『マンガと図解でわかる クリステンセン教授に学ぶ「イノベーション」の授業』（翔泳社）

何か?」といったことを考え、バブル崩壊期にさしかかる平成二年(一九九〇)頃から、少しずつ改革に着手し始めていたのです。保護預かり料の無料化はずっと以前から私が主張していた課題でした。

最後の駄目押しで「店頭株式の手数料半額化」を、橋本内閣が「金融ビッグバン路線」を打ち出したタイミングで表に出した。このとき、大蔵省は介入してこない、**むしろ味方につけられる**と読んでいたのです。実際に断行すると、その通り。大蔵省が口を挟むことはありませんでした。

知恵07

会社が永遠につづくなど、夢にも思うな

極言すれば、経営者の仕事とは世の中の流れを読むことです。

ときには同業他社と足並みを揃えることも大事ですが、もし**大多数の人が言っていることが世の中の流れだと思ったら大間違い**、時代の流れというものは、誰かの真似をしてつかめるものでも、誰かが教えてくれるものでもありません。そして、その企業の浮き沈みは、経営者の読みが当たるか否かにかかっているのです。

現代のように世の中がこれほど大きく変化する時代を迎えると、**どれほど伝統ある**

会社であっても、それが未来永劫つづくなどということは、まずありません。だからこそ、組織を引っ張っていくには、指導者がどのように時代を読み、経営観を持つのか、それが問われることになります。

思い入れが強すぎて人に迷惑をかけることもありますが、これも人間の業《ごう》でしょう。一回しかない人生、ありきたりのことをやってもしょうがない。そういう一念で私は会社を経営しています。

知恵08 良いものは残し、変えるべきは変える

等伯はライバルや先例から徹底的に学んで、その手法を研究していました。それは経営者にとっても非常に大切なことです。

改革とは、単に伝統を無視すればいいということではありません。前例や伝統を踏襲するというのはあまり面白くない道ですが、そこから学ぶこと、その積み重ねはもちろん大事にするべきです。

松井証券は平成二十七年（二〇一五）で創立九十七年です。大正七年（一九一八）からずっと証券業をやって、戦争中に軍に資産を没収されたり、戦後の大インフレや

オイルショックをくぐり抜けてきた。そういった経験から経営体力が培われてきました。この蓄積なくして、改革や事業を成し遂げようというのは無理な話です。

もちろん経験の蓄積は「マンネリの芽」にもなりやすい。等伯が狩野派とは違う画風を打ち出して新しい世界を築き、世の人に感動を与えたのと同じように、経営も同じ視点が大切になってきます。

即ち、前例や伝統を徹底的に学んだ上で、**良いものは残し、変えるべきものを変えるということ**。

私も、日本の事例に限らず、アメリカの証券会社の試みも、日本におきかえてシミュレーションしてきました。営業マンによる対面セールスを廃止して通信取引を始めたのも、**アメリカの実業家チャールズ・シュワブから学んだことです**。そういう学びを積み重ねたからこそ、自社に最適な施策を考えることができる。

経営に教科書はありません。すべて自分の頭で考えなくてはいけないのです。

知恵09

不自然なものは、やがて淘汰される

後世に残っていくのは、自然で無理がないものです。等伯の絵しかりです。

松井道夫は、いち早く営業マンによる対面セールスを廃して、通信取引をはじめた。写真は、東京・麴町にある松井証券の「利用者向け窓口のサポートセンター」。ヘッドセットをつけた派遣社員がパソコンに向かっている。

既得権益者は、それが不自然なものだと、どこかで分かっていますから、権謀術数を使って、頑なに守ろうとします。しかし多くの場合、黙っていてもやがて淘汰されていくのです。

大事なのは、自然で無理のない感性を持って行動すること。それが結局、世のなかに受け入れられる。

既得権益者はそれができない。もう過去の枠や内部のルールでロボットみたいに、がちがちになっていますから。

大上段に構えて「既得権打倒!」とやると、既得権益者はますます意固地になって延命措置を図るかもしれない。それは私たちにとって不利なシチュエーションを招いてしまう。**彼らができないこと、自然で無理のないスタンスをとる**ことによって、結果的に既得権益を打破すればいい。

知恵10 組織を構成する「個」が主役

どんな世界でも同じですが、一人では何もできません。組織というのは、誰か一人の思いを旗印にして、他者がそれに共感し、それぞれの意思で集まり、何かを生んだり起こしたりするものです。

個人と組織の関係を考えるうえで、私は松下幸之助さんの次の言葉をとても大事にしています。

「執念ある者は可能性から発想する。執念なき者は困難から発想する」

この「執念」は、「主体性」と言い換えてみると分かりやすい。

主体性のある、つまり自分を持っている人間は常に前向きで、どんな局面に置かれても可能性からものを考え、その局面を打破しようとする。

しかし自分を確立できていない人は、誰かのせいにしてしまう。困難を前にして、できない理由を探してしまう。

「執念ある者」たち、つまり主体性を持った個人たちが集まって初めて組織は本当に強くなる。私は、**個人を犠牲にして組織の存続に重きを置くような考え方が嫌い**です。

松井証券という会社を百五十年、二百年存続させなければ、という気もありません。会社が永遠につづくなどというのは幻想で、極端に言うと、私にとって会社なんてものはどうでもいい。

組織を構成する「個」があくまで主役。これからの時代を生き抜くための経営観とは、そういうものだと思います。

第8章

ストーリーとしてのブランディング〈戦略の立て方〉

織田信長 × 小山薫堂

（放送作家・脚本家）

織田信長

「自分プレゼン力」の天才。〝信長〟というブランドの名プロデューサー。

織田信長は、戦国時代、多くの有能な配下の武将に支えられ、天下統一に王手をかける。だが、父・信秀《のぶひで》から十八歳で家督を継いだとき、家臣たちは様々な思惑を腹に抱え、自軍の一致団結すらままならない有り様だった。

信長が頭領となって最初に直面した問題が、弟・信行《のぶゆき》を後継者に推す家臣との戦いであったことからもそれは明らかだろう。

からくも信行派を破り、桶狭間の戦いで今川義元に勝利した信長は、尾張一国（愛知県の西半分）の支配者となる。次の目標は、隣国・美濃（岐阜県の中南部）を支配していた斎藤義龍《よしたつ》だった。

しかし何度出陣しても、惨めな負け戦ばかり。ついに従兄弟の織田信清《のぶきよ》は、信長を見限って敵に寝返ってしまう。すると雪崩《なだれ》を打つように、小口《おぐち》城と黒田城も反逆。信長は、美濃攻略どころか、家臣団の分裂という危機に瀕していたのだった。

ここで信長は、常識外れの行動に出る。いったい、信長はどのような方法で家臣たちをまとめていったのか?

知恵01 シンボルを生み出し衝撃を与えよ

織田信長といえば、常識を打ち破るアイデアと非情ともいえるリーダーシップで天下統一への道を切り開いたと思われている。しかし近年の研究では、「城」にこそ躍進の鍵があるのではないかと考えられるようになってきた。

信長は、小牧山城、岐阜城、安土城の三つの城を築いたが、日本の城のあり方に革命をおこし、天下取りへの切り札としたのだった。

永禄六年（一五六三）、信長は美濃攻略を名目に、直臣たちをつれ、それまで暮らした清洲《きよす》城から北東へ一一キロ、未開発の地、小牧山へ拠点を移す。

新たな居城となる小牧山は、砦も堀もない。この土地選択は、捨て身とも思えた。

しかしこれは、家臣団を統一するために信長が行った、家運を懸けた一大プロジェクトだったのだ。

最近の発掘調査で、小牧山城の跡からは、幅一メートルを超える巨大な石が次々と出土している。この城は「土の城」だと考えられていたため、この事実は学界に衝撃を与えた。

今から四百五十年前、信長は戦国大名が築いたものとしては初めてといえる「本格的な石垣」を造りあげていたのだ。

調査の結果、標高八五・九メートルの小牧山の山頂付近に、高さ最大三・八メートルの頑強な石垣が巡らされていた。特に次の敵である美濃の斎藤家がある方角、山の北側にもっとも高く石垣が積まれていることが分かった。

小牧山は、平野のなかでひときわ目立つ山である。斎藤家の居城であった稲葉山城を、はっきりと望むことができる。信長は敵に石垣を見せつけ、自らの動員力や、統率力を示すシンボルとしたことがうかがえる。

当時、石の運搬は、屈強な男たちが、かけ声を出しては引っ張る大仕事である。山の周りでは、斎藤家のスパイが情報収集していたと推測されるが、信長はあえて隠すことをしなかった。

小牧山城の跡からは、石垣に使われた巨石がたくさん見つかっている。発掘調査では、石垣からは支柱用の穴の可能性があるものが見つかっており、どのようなタイプの天守だったか、などが推測できるという。（朝日新聞・2012年３月８日付）

その頃の城は、土の山に築くのが普通だ。しかし信長は、現代でいう宇宙ロケットやＩＴ技術に等しいような高度な技術を使って、石垣の城を築き上げたのだった。石垣にはもう一カ所、信長が力を入れていた場所がある。敵がいないはずの南方向である。上から下まで、四重に石垣が積まれている。なぜか？　そこには織田家の家臣が集団で暮らしていた。

信長はまず、自分の居城を、標高八五・九メートルの山頂に定めた。屋根には瓦を葺《ふ》く。そして身分が上位の者から順番に、城に近い山麓に住まわせた。

家臣たちの家は板葺きにして、下級武士の屋敷は小牧山の端に来るように指示をする。そして城下町には、織田家直属の商工業者を置く。

こうすることによって、「最も偉いのは誰か」ということを、誰の目にも分かるようにしたのだ。

自らの権威と実力を目に見えて示すことにより、一度は裏切った小口城は再び投降して恭順の意を示した。尾張が統一されて間もないにもかかわらず、小牧山城築城後、信長に謀反をおこす家臣はほとんど出なかったのだ。

知恵02

「お・も・て・な・し」、人脈作りは場にこだわれ

永禄十年（一五六七）、美濃の斎藤龍興《たつおき》を破った信長は、龍興の居城・稲葉山城を「岐阜城」と改め、本拠地を小牧山城からここに移した。

天下統一に向け本格的に動きはじめ、かの「天下布武」の印を使い始めたのもこの頃とされる。

しかし、信長はまだ尾張と美濃を支配する一介の戦国大名にすぎない。天下統一のためには公家との親睦、商人からの支援、有力大名との同盟が不可欠である。こうした人脈作りのため、信長は、岐阜城内に**巨大庭園を備えた「迎賓館」を造った**のだった。

「日本庭園の黄金期」と呼ばれる室町時代、足利将軍たちは金閣寺や銀閣寺を造り、自らの邸宅にも庭園を造り、人を招いてもてなしたが、それは仲間内で楽しめればいいというものだった。しかし信長は、**庭を人脈作りの場所に変えた。**

そこでは信長自ら茶を振る舞い、芸人たちが歌や踊りを見せ、来客には大量のお土産を渡して接待する。

食事にも知恵をこらした。

冷凍技術のない当時、海のない岐阜では最高級品であった生魚をはじめ、駿河湾から運んだにし貝、越前のタラなど貴重な品を供した。

雉《きじ》の肉を出すときは、「私が鷹狩りで仕留めたものです」と一言添える。**客は舌と胃袋で、信長の力や領地の広さを知る**ことになる。

山麓に建てた館の庭園には四つの池があり、人工の滝から清水が注ぎこむ。

池には白い丸石をびっしりと敷きつめ、太陽光を反射させて水面を輝かせる「州《す》浜《はま》」と呼ばれる技法を用いた。周辺には四国産の「緑色片岩《りょくしょくへんがん》」と呼ばれる、当時都においてすら贅の極みとされた最高級の庭石を配した。

信長流もてなしの作法が、この岐阜城からは如実に見てとれる。

のちの天正十年（一五八二）、天目山《てんもくざん》の戦いで武田勝頼を自害に追い込み武田家を滅ぼした際に祝宴が張られた。

このとき、徳川家康の接待役を務めた明智光秀の失態（料理の魚が腐っていたとされる）を、信長は厳しく叱責したと伝えられている。

それが光秀の変心、本能寺の変の引き金となったか否か、今となっては知る由もないが、信長の気配りに対する細やかさが、うかがい知れるエピソードだろう。

コンピューターグラフィックスで再現された、織田信長が造った庭園の想像図（上）。（CG／NHK 提供）2013〜2014年にかけて発掘され、御殿の北側から見つかった庭園跡（下）。

知恵 03

メイドインジャパンの伝統を生かせ

信長は、天正四年（一五七六）から琵琶湖のほとりに、第三の城、安土城の築城を始める。長篠の戦いで宿敵・武田氏を破り、天下統一の仕上げにかかる時期だった。

信長の城造りの集大成ともいえるこの安土城は、天守閣の天井と壁を、狩野永徳の筆になる障壁画で飾った。また、「すいひ」と呼ばれる技術で作られたきめの細かい瓦に、さらに金箔を貼りつけ天守の屋根を飾るという贅を凝らした造りで見る者の目を楽しませる。信長は安土城を造るため、伝統の一流技術を求めた。障壁画や瓦のように、そこで発揮された技術は、古くから受け継がれてきた職人の技だ。

戦乱の世で、京都にいてあまり仕事がなかった職人たちの技は、このままいったら受け継がれずに終わってしまうかもしれない。信長は安土城によって、もう一度再生させてやりたいと願ったのではないか。

安土城の石垣は、当時は九メートルもの高さがあった。石垣の上に建造物を載せる技術は、中世の山岳寺院を造る方法を巧みに使ったものである。そして職人技の集結は、城を戦のための無骨な建物から、見せるためのものへと変化させていく。

また、全く隙のないクオリティーが高いものを完成させることによって、信長には逆らってはいけないのだと思わせる。それが戦わずして日本を平定しうる近道だと考えるようになる。信長の城造りは、いわば「抑止力」の効果もあったとされている。

●「見せ方」で価値は一変する

石垣や瓦を用いた築城、庭園を配した迎賓館、豪華な食材を使ったもてなし。それらは信長の手にかかると、全く別の意味をもって立ち現れてくる。

自分の居所にだけ石垣や瓦を用いることで、城は、権力の示威装置ともなる。単においしいだけだった料理も、貴重な食材を惜しげもなく使い、あえて遠隔地からとりよせた材料を使えば「信長はすごい」という畏怖の念を引き出すことにもなる。それだけの武力、財力、権威を持つ人間が、手ずから茶を振る舞い、自ら汗を流して獲った雉の肉を食べさせる。但し書きがなければただの肉も、一言添えれば「あの信長が獲ってきた肉」。信長という人の器に惚れ込む者も出てくるだろう。

これまでもあった手法や材料を使いながら、そこに全く新しい意味や機能を持たせる。**信長は「ものの見せ方」が抜群にうまかった。**

信長は、「信長」というブランドの、名プロデューサーだったのだ。

小山薫堂

小さな違いでも、見せ方を変えればストーリーが誕生する。

放送作家だけではなく、脚本家としても活躍している小山薫堂《くんどう》。映画「おくりびと」では、アカデミー賞外国語映画賞を受賞した。さらに、今人気の熊本県ご当地キャラクター「くまモン」の仕掛人でもある。

マルチな才能で、たくさんの娯楽をプロデュースしてきた小山は、信長の知恵をどのように読み解くのか？

知恵04

くまモンは「人を結びつける力」がある

「くまモン」は、熊本県の地域振興キャンペーンのマスコットとして誕生しました。誕生した翌年の平成二十三年（二〇一一）だけでもグッズの売上が二十五億円強ありました。

しかし僕がくまモンを生み出して本当によかったと思うのは、その収益性の高さではありません。

くまモンというキャラクターによって、**県内の人たちが地域振興や、町おこしのために協力する「軸」を生み出すことができた**ことです。

くまモンを使った様々な企画やイベント、グッズがたくさん生まれました。その過程で行政と民間、異なる仕事に携わる人々の連携が生まれた。それが刺激になって、様々な地方活性化のアイデア、地域振興の企画が飛び出してきます。

外側では、くまモンを目当てにイベントに足を運んでくれた人たちが、ＳＮＳやYouTubeで発信してくれる。それをくまモンファンたちが「いいね！」やＲＴで拡散させていく。

くまモンを軸にこれだけの人を巻きこんで、熊本県人の思いを発信し、熊本県の魅力を、県外や世界にアピールするサイクルを生んでいる。

過疎化が進む地方や、高齢社会を迎えた日本にとって、この**「人を結びつける力」**

は計り知れないほど大きいでしょう。

信長は、小牧山城築城というプロジェクトで、敵に対して織田家の実力を示すだけでなく、自分の統率力を知らしめ、家臣を団結させる契機ともしています。**シンボルが本当に力を発揮すると、これだけのことができる**のです。

●名刺で自分の内側にある気持ちを示す

名刺というのは、すごく重要なシンボルです。

人とつながるための道具だから、受け取る側にどういう印象を与えるかも大事な要素。だけど、それ以上に、僕は名刺を渡す側がどういう気持ちを込めているか、それを大切にしたい。

放送作家になりたての二十代の頃、ラジオ番組がご縁で知り合った笠智衆さんに揮《き》毫《ごう》していただいた自分の名前を、以来、僕は名刺にしてずっと使っています。

「小山薫」まで一息に、少し休んで「堂」。

筆の運び、笠さんの息づかいがそのまま感じられる。墨書された自分の名前を見るたび、笠さんの飄々《ひょうひょう》とした人柄や笑顔を思い出します。そして**使い始めたときの新鮮な気持ち**で、相手に名刺を差し出します。

熊本県のよい所
発信
県外
発信
発信
熊本県の人々
県外
小山薫堂
大切なことは、くまモンというシンボルを
外に出すことではない。
県内の人たちを一つにまとめ、
その魅力をくまモンに凝縮させて、
外に発信する。
そこが一番大切なんですよね

自分の内側にある気持ちを相手に示す、僕にとってこれ以上ないシンボル、それがこの名刺です。

知恵05

損得勘定抜きの人脈を作る

僕は「人脈」ということばが好きではありません。その関係からリターンを得ようと思って人と関わっても、得るものはあまりないでしょう。

僕が**理想とする人脈作りは、『釣りバカ日誌』のスーさんとハマちゃん。**

釣りを通じてまず意気投合し、社長と社員だと分かっても、プライベートでは会社での地位を忘れて夢中で釣りに興じている。損得抜きで打ち解けあっている関係ですね。

企画を売り込む手紙をよくいただきますが、知らない人からの手紙を開けるのは、やはり躊躇《ちゅうちょ》するもの。同じ売り込みや頼みごとでも「あいつが企むことなら面白くなるに決まってる！」と思える人なら、是非やろうと膝を乗り出します。

映画好き同士、車が大好きな人の集まり、グルメ仲間でも何でもいい、**損得勘定抜きで**、まず自分が楽しいと思える関係をたくさん作ること。それがきっと、いい人脈

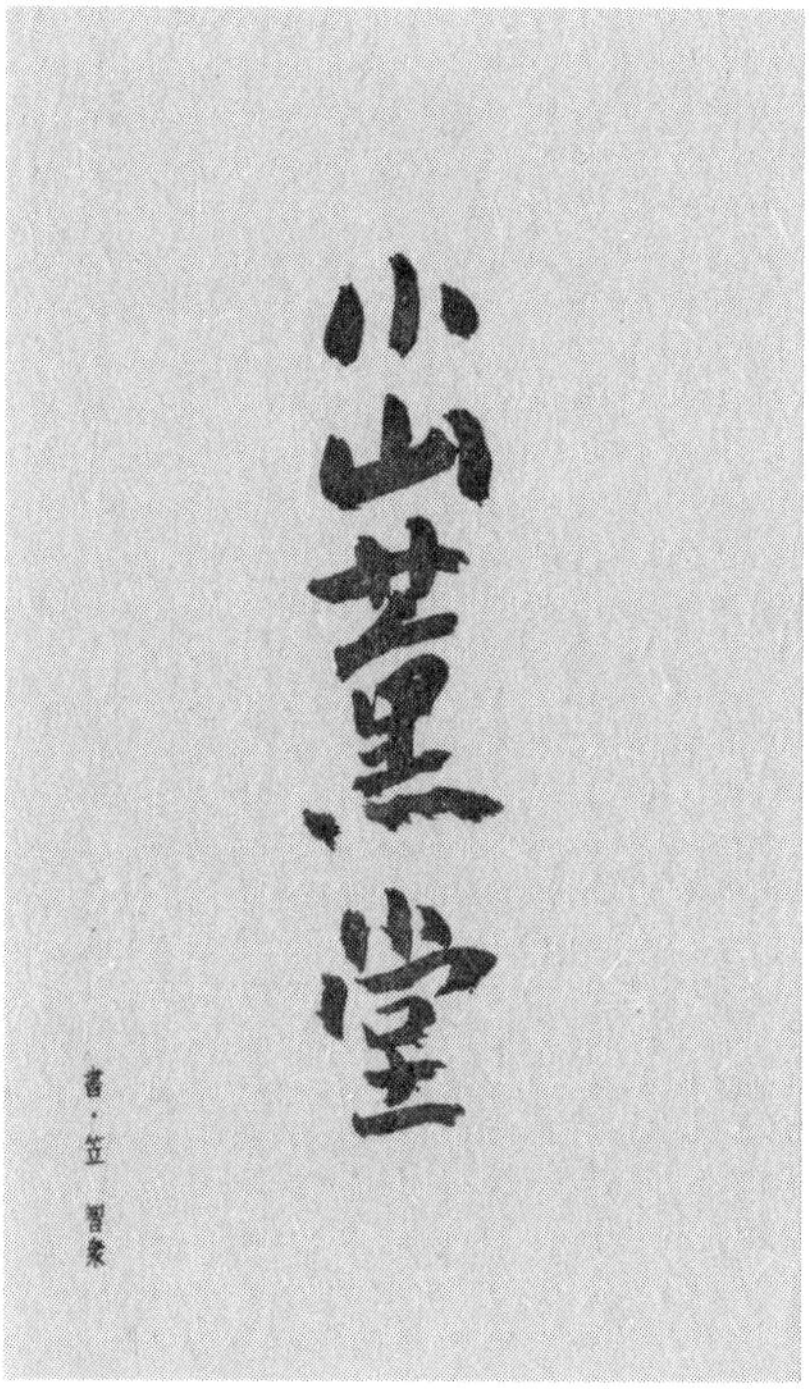

小山の名刺。左下に小さく「書・笠　智衆」とある。（名刺は原寸大）

につながります。

知恵06 「脂身」を切り捨てない

信長を見ていてすごいなと思うのは、ただ見せるだけではなくて、内側をどのようにまとめるかと計算しているところです。

でも、どんな会社や組織にも優秀な人とそうでない人がいます。飛び込みで契約をビシバシとってくる営業、斬新な切り口でアイデアを出すプランナー、だけどそうでない人も当然多い。僕の会社にも一見するとダメなスタッフというのはいますよ。

僕はそういう人を**「脂身」**だと思うようにしています。

脂身というのはたいてい切り捨てられるもの。あるいは、良くてもすき焼きやステーキを焼く前の牛脂くらいの役割しかない。

だけどサシの入っていない肉はパサパサしておいしくない。脂身があるから肉は柔らかくジューシーになる。

組織も同じで、売り上げや企画に直接貢献することはあまりないけど、その人がいることによって**会議の雰囲気が和やか**になったり、**ブレストがうまく転がりはじめる**

一言を発したりする人がいます。

そういう人もまた組織に必要な人なのです。

役に立たないからすぐに切り捨てるのではなく、「脂身」の果たす役割に気づけば、これまでにない人材活用ができるかもしれません。

知恵07 すでにあるモノを組み合わせてみる

仕事柄、僕は「アイデアはどこから出てくるのですか？」とよく聞かれます。

たとえば居酒屋に入ってカウンター席に座って、なんとなく**「あそこの棚には日本酒を並べるより、とっくりを並べたほうが映えるだろうな」**なんて考えが頭に浮かんだとします。

このぼんやりした思いつきがあれば、しめたもの。そこから、このお店でどういうお酒と料理を出して、どういう接客態度で、お客さんへどのように勧めるかシミュレートしてみる。

頼まれてもいないのに、お店のコンセプトや経営方針に口を挟み、経営にテコ入れするわけです。

もちろん実際に口に出すことはまずありません。自分の頭のなかでやっているだけ。

僕はこれを**「勝手にテコ入れ」**と呼んでいます。

日々あらゆるものにテコ入れ。これがアイデアの種を拾う、いいトレーニングになるのです。

そもそも新しいアイデアといっても、案外「既知」と「既知」の組み合わせからの化学反応によるところが大きいものです。これだけ情報があふれている時代、全く新しいものをゼロから生み出すというのは本当に難しい。

世の中を一気に変える新しいアイデアを！　などといきまず、出発点としては「AとB、この二つが一緒になったらもっと便利になるよね」、それくらいの気持ちで始めるほうが、案外斬新な企画になったりするものです。

知恵08 くすっと笑ったことが企画のタネになる

僕は、日常生活の中で「アイデアの種」をたくさん見つけて、心のポケットにストックしておくよう心がけています。

魯山人《ろさんじん》が好んだ「坐辺師友《ざへんしゆう》」という言葉があって、**「自分が座っているまわりのも**

スタッフたちに囲まれてミーティングする。小山は「自分は誰かが常にそばにいてくれないと嫌な寂しがり屋」だと語る。

のすべてが師であり、友である」という意味です。

ものの見方を変えれば、日常のそこここに教えがあり、新しい価値を発見することができるということ。

くすっと笑ったこと、小さな驚き、それ自体はとるにたらない発見、しょうもないぼやき。一つひとつは本当に小さなものだけど、それが何かのきっかけで組み合わさって、新しいアイデアや企画のタネになることがあるのです。

以前、代々木でカレーパイの出店を出したとき、初めは「焼きたてのカレーパイ、あります」という看板を出していました。しかし、お客さんは集まらない。ところが看板を**「カレーパイ、あと十五分で焼き上がります」**と書き換えたところ、**並ぶ人が現れた**のです。そうするとまたそこに列ができていきました。

その人たちは、焼き上がりの瞬間に立ち会うという「イベント感」に惹かれたのかもしれません。

「焼きたて」と「焼き上がります」。ささいな見せ方の違いから、とても大きな違いが生まれるものです。

知恵09
アイデアは体を動かして探す

伝統ってなんだろう。

下鴨茶寮《しもがもさりょう》という料亭を引き継いで経営を始めた頃から、僕はこのことをよく考えるようになりました。

そのなかで、ある茶人の**「伝統は革新の連続である」**という言葉を知ったとき、ハッとしました。たしかに、何かを頑なに守ることで生き残れるわけがない。古くから生き残ってきた伝統も、それが生まれたときには、時代をリードする新しいアイデアや事業だった。

人から求められ支持されるよう、革新とチャレンジを繰り返す。だからこそ今に残っている。それが、伝統が伝統たる所以かもしれません。

インターネットからアイデアを探そうとする人は多いでしょう。

しかし、そこにあるのは「情報」で、ほとんどの場合、それはアイデアの種にはなりません。

信長は好奇心旺盛で、よく城下町をぶらぶら歩いていたそうです。また、南蛮貿易を推奨し、舶来品を集めては喜び、ポルトガル人の宣教師を館に招いては話を聞いていた。

そんなふうにして信長は自分の目で、耳で体感しながらアイデアを拾っていたのではないでしょうか。

いいアイデアを生み出したいなら、**生身の人間とたくさん出会い、実際に足を運んで体感すること**が、何よりもいい方法です。

知恵10
見せ方を変えればストーリーが生まれる

あるものに、いかに意味やストーリーを付加するか。それによってものの価値というのはかなり変わってきます。愛妻弁当なんて、他人が食べているのを見ても何とも思わない。

だけど、それが自分の妻が作ってくれたものなら、きっとそれに勝るお弁当はないでしょうね。愛する妻が作ってくれたのですから。

僕は常々、感情移入というのは最大の調味料だと思っています。

信長も自身の手でとってきた雉肉をお客に出したりしたそうですが、これなども

「見せ方」を変えるいい例でしょう。

見せ方によって、ものの価値がどれほど変わるか。僕は東北芸術工科大学で教えていますが、ブランディングの授業でこんな実験をしたことがあるんです。

とある女性にご登場いただきます。その場にいる誰も、この人のことは知らない。その状態でこの人が作ったカレーを食べたいか訊ねると、まず誰も手を挙げません。そこで女性に質問をしていくんです。

Q：お名前は？

「鈴木です」

Q：このカレーは？

「息子の好きなカレーです」

Q：息子さんは今どちらに？

「今はアメリカに行っています」

Q：お仕事は何を？

「野球選手です」

勘のいい人ならここでもうお分かりかもしれません。そう、この鈴木さんは、かのイチロー選手のお母さん。そしてイチロー選手が、習慣として毎朝食べるというあのカレー、このお母さんが作っていたものなんですね。

ここでもう一度、このカレーを食べたいか訊ねると、もう全員が手を挙げますよ。

ブランド化するというのはこういうことです。

食べ物に限らず、あるものを**いかに「見せるか」**。それによって、**ものにはストーリーが生まれます**。そしてそのストーリーが人を惹きつけるのです。

第9章

直江兼続×小菅正夫

（獣医師・前旭山動物園園長）

一人一人が主役にならなければ危機は突破できない〈ピンチ脱出術〉

直江兼続

上に立つ者は、部下よりも多く痛みを引き受けねばならない。

激動の戦国時代、直江兼続《かねつぐ》は、上杉家の執政として、政治や軍事を取り仕切った。たぐいまれな才覚で数々のピンチを乗り切った人物である。幼い頃から利発だった兼続は、五歳から上杉謙信の甥・長尾景勝《かげかつ》に仕え、上杉謙信からは「義の精神」を教わる。

兼続十九歳のとき、謙信が亡くなり跡目争いが勃発した。このとき兼続は「驚きの策」でピンチを切り抜け、景勝を上杉家当主に就かせることに成功する。

その後、天下人・秀吉の下、上杉家は越後九十万石から会津百二十万石への躍進を遂げるが、関ヶ原の戦いで西軍・石田三成についたため、徳川家康から米沢三十万石への大減封《げんぽう》を言い渡される。収入は一気に四分の一。食べるにも事欠くほどの窮乏のなか、兼続は六千人の家臣を一人もリストラせずに藩政を立て直していく。兼続はいかにして「ピンチを脱出」したのか？

知恵01

ときには奇策を使え

直江兼続は永禄三年（一五六〇）、上杉謙信が治める越後国（今の新潟県南魚沼市）に生まれた。

兼続は謙信の薫陶を受けて成長した。謙信の教え「義の精神」とは、**「目先の利益を求めず、筋を通して正々堂々と行動する」**という生き方。この教えが兼続の人生を貫く指針となる。

兼続が頭角を現したのは十九歳のとき。謙信が亡くなり、跡目争いが勃発した。当主の座に名乗り出たのは、兼続が仕えていた上杉景勝。そしてもう一人は、謙信の養子である上杉景虎《かげとら》だった。

景虎は、関東で勢力を誇る北条氏康の七男。北条家が上杉家と同盟を結ぶ際に、友好の証として謙信の養子になった人物だった。景虎には、北条家という強力な後ろ盾があったのだ。

しかし、この争いを制さなければ、景勝も兼続も命の保証はなかった。圧倒的に不利な状況のなか、兼続は、思いもよらぬ行動に出た。なんと、甲斐の武田家に接近したのである。

兼続は、上杉家の内紛を利用して、武田家が攻めてくることを警戒していた。さらに、武田家までもが、北条家や上杉景虎につくことを何よりも恐れていた。

だが、武田家といえば、上杉家とは**犬猿の仲**。謙信の時代から、壮絶な戦いを繰り返してきた間柄。誰もが、武田家との交渉は不可能だと考えた。兼続は、あえてそれに挑戦し、武田家の動きを封じ込めようとしたのだった。

兼続は、武田家との交渉のカードとして、**上杉謙信が残した遺産の三分の一、額にして一万両（現在の資産価値で十数億円以上）**を差し出したと言われている。

この結果、武田家と「甲越同盟」を結んだ景勝は、景虎との戦を制し、上杉家当主の座に就く。

知恵02

筋の通らない妥協をしない

兼続の活躍により、上杉家は越後九十万石から、会津百二十万石に加増され、まさに絶頂期を迎えていた。

しかし、上杉家に転機が訪れる。

慶長三年（一五九八）、豊臣秀吉が亡くなる。次に天下を狙ったのは、徳川家康だった。家康は、有力大名を次々に追いつめていく。

会津百二十万石を誇る上杉家も、家康の標的になる。上杉家が大規模に城造りをしたり、町や街道を整備したりしていることを問題視し、謀反の疑いがあると糾弾してきたのだ。

慶長五年（一六〇〇）、家康から一通の書状が届く。八項目からなるその書状は、家康に服従しなければ、上杉家の存亡に関わると書かれていた。

絶体絶命のピンチ。そこで直江兼続は、再び思いもよらぬ行動に出る。巨大な力を持つ家康に対して、十六項目にも及ぶ長い書状をしたためた。世にいう「直江状」である。

ここで兼続は、家康からの問いに、一つ一つ丁寧に答えていく。

家康「逆らう気持ちがなければ、もう一度、神に誓う起請文《きしょうもん》を持って上洛すべきである」

兼続「以前に何度も、逆らう気持ちはありませんと起請文を書いています。ここで改めて書くと、以前神に誓った起請文を反古《ほご》にしてしまいます」

家康「会津では武具を集めて、道や橋を整備していると聞く。戦に備えているのではないか」

兼続「武士が槍や鉄砲を用意するのは当然です。道や橋の整備は、国を抱える大名の役割です。隣国に攻め入るために道造りをしているのではありません。上杉に謀反の気持ちがあるなら、むしろ他国から攻められないよう、道などは造りません」

◇

家康「景勝の上洛が遅くなっているから、このように疑われているのだ。一刻も早く上洛すべきである」

兼続「一昨年に上洛して、去年に帰国したばかり。その上、今年も上洛していては、国のまつりごとが行えません。しかも、会津は十月から三月は雪が降って何もできないのです」

◇

兼続は、粘り強く冷静に事実を説明する。権力者に対して媚びへつらわず、毅然と正論を主張して、安易に妥協することをしなかった。

家康は、この返答に激怒して、上杉家討伐の命を下し、会津へ大軍を向かわせる。そして、その家康の背後を突く形で、石田三成が挙兵したため、家康は会津へ向かわず、あの「関ヶ原の戦い」へと進んでいく。

関ヶ原の戦いで家康は勝利をおさめ、西軍・三成についた上杉家は窮地に立たされる。

西軍の主立った武将、石田三成、小西行長、安国寺恵瓊《えけい》は斬首、宇喜多秀家は八丈島に流刑。しかし、上杉家は会津から米沢への国替え、ならびに百二十万石から三十万石への大減封を命じられるも、辛くも家は残すことができた。

上杉家だけが滅亡せずに残ることを許されたのは、兼続の義の精神、誠実な人間性を、家康が認めたからではないかと言われている。

知恵03 上に立つ者は、部下よりも多く痛みを引き受けねばならない

家を残すことは許されたものの、藩の収入は、一気に四分の一に激減する。上杉家は六千人の家臣、その家族まで含めれば三万人の人々を、四分の一の収入で養ってい

かなくてはならない。

このとき景勝、兼続のとった政策は驚くべきものだった。


「家臣一人も召し放たず」


一人もクビにせず、会津から米沢に連れていったのだ。

これには上杉家のある事情があった。上杉家のもともとの領地は越後だが、会津に国替えされた際、家臣たちを郷里から会津まで連れてきてしまっていた。彼らには、すでに帰る家も畑もない。

兼続はこの家の一大事を乗り切るべく、率先して範を示す。

家臣たちの俸禄《ほうろく》を三分の一とするために、まず自らの俸禄を十二分の一にまで減らした。武士の命、武具なども、錆を出さなければよいと通達した。

兼続の普段の食事は米に山椒三粒だったという。

家臣たちのなかには、上杉家の状況を見限って逃げ出す者も、もちろんいた。しかしほとんどの家臣は兼続と共に、米沢に踏み止まる。

藩存亡の危機を迎え、六千人は一丸となったのだ。

知恵04
金はなくても人さえいれば何とかなる

米沢に移った兼続はまず、最上《もがみ》川の治水事業に着手した。

当時、最上川は頻繁に氾濫を起こし、周囲の街や田畑に損害を与えていた。領国を整備し、財政を立て直すには、水害を抑えることが不可欠。兼続はこの流域に大規模な堤防を築くことを計画する。

クレーン車などない時代、堤防を造るためには人海戦術で石を一つ一つ積み上げていかねばならない。しかも上杉家に事業を行うだけの資金はない。

だが、上杉家には兼続を信じた**六千人の「人」**がいた。**金はなくても人材だけはある。**

会津から連れてきた家臣団は一丸となって働き、一〇キロにも及ぶ堤防を十年の歳月をかけて完成させる。その後、川の氾濫で田畑が被害を受けることは少なくなり、農作物の収穫量は増大していく。

さらに兼続は、大規模な家臣団を城下町の防御に生かそうと考えた。上杉家は、周囲を伊達や最上など有力大名に囲まれている。兼続は米沢城につづく街道沿いに大勢の家臣たちを住まわせ、彼らに城を守る砦の役目を果たさせる。

兼続は家臣たちに対して、家の背後の荒地を開墾すれば、自らの所有地としてよいという通達を出した。互いに競争心を刺激され、家臣たちは荒れ地を畑に変えていく。三十万石だった上杉家の石高は、やがて実質五十万石へと増大した。

兼続は**「人こそ組織の財産なり」**という言葉を残している。この言葉どおり、兼続は自分を信頼してついてきた部下というマンパワーを生かし藩政を立て直していった。


兼続は二十二歳の息子を亡くしていた。養子を迎えれば直江家は存続することもできただろう。だが、そうはせず、家を断絶させた。

兼続の死後、直江家の俸禄は上杉家に返上されている。

死してなお藩のため、家臣のため。「義の精神」、ここに極まれり。

現在でも米沢では、兼続のことを決して呼び捨てにはせず、「兼続公」と呼ぶという。

小菅正夫

ピンチのときほど大局を見据えて判断する。

旭山動物園は、北海道の旭川市にある。日本で一番北にある動物園ながら、全国から年間百五十万人もの観光客が訪れる大人気のスポットだ。しかしこの動物園は、九〇年代半ばには閉鎖の危機にあった。来場者が年々減りつづけ、経営不振に陥っていたのである。

それを見事に復活させたのが、園長だった小菅正夫。ピンチを救った一つが、動物の行動展示。動物が本来持っている動きや能力を、生き生きと見せる手法だ。ペンギンが泳ぐところを下から見られる水槽では、陸でヨチヨチと歩く姿からは想像できないほど、俊敏な動きを見ることができる。

こうして、動物の魅力を引き出した旭山動物園は、観客たちのハートをがっちりつかみ、入場者数で日本で一、二位を争うまでに蘇るのだった。

一人の職員もリストラせずに、危機に瀕した動物園を救った小菅正夫。激動の戦国時代に、次々とピンチを乗り越えた直江兼続の知恵を、どのように読み解くのか?

知恵 05

長期的に見れば、嘘をついたらいいことはない

平成七年(一九九五)、入場者数の低迷を続けていた旭山動物園に、追い打ちをかけるような事件が起きました。

ローランドゴリラの「ゴンタ」が、エキノコックスという寄生虫によって死んだのです。エキノコックスは人にも感染する寄生虫で、体内で増えて全身転移し宿主《しゅくしゅ》を死に至らしめます。

ゴンタがエキノコックスにかかったということは、動物園に来るお客さんにも感染する可能性があるということ。これを公表するかどうかは園の内部でも意見が分かれました。入園者数の低迷にあえぐ上に、ここにきてエキノコックスの件を公表すれば、ますます客足が遠のくことは目に見えています。

しかしそれを隠すことはできませんでした。それは獣医としての私の信義にもとる。私は市長や保健所とも相談し、すべてを公表することに踏み切りました。ゴンタが

エキノコックスで死んだこと、エキノコックスは人にも感染すること、とはいえ疫学的にきちんとした対策をとり、お客さんの安全は必ず確保すること。

しばらくは抗議の電話が鳴り止みませんでしたが、半年ほど経ったころからこの危機対応を評価する声も聞かれるようになりました。

このとき、本当に勇気づけられた出来事がありました。

騒動のさなか、「旭山動物園の皆様と動物たちへ」と、段ボールが届いたのです。開けてみると動物の顔をかたどったパンがぎっしり。そしてこう添えられていました。

「私たちは信じています、がんばってください」

市民からの贈り物でした。

涙が出ましたね。

事実を隠蔽《いんぺい》すれば、短期的な損失は防げたかもしれません。でもそれをしたら、こうした**お客さんからの何にも代え難い信頼を裏切る**ことになるのです。これほど大きな損失はありません。

ピンチのときほど、**大局を見据えて判断しなければならない**のです。

知恵06

困ったときは原点に帰る

とはいえ、エキノコックス騒動の影響はありました。

平成八年（一九九六）、旭山動物園は入場者数二十六万人という開園以来、最低の数字を記録し、閉園の検討を強く市から命じられたのです。

このとき私は、**自分の原点に帰ろう**と思いました。

「人間が動物である限り、動物園は必要だ」

私の持論であり原点にある思いです。人間は三千年も昔から、動物園のような施設を作っていました。人間は人間だけで暮らしていると精神を病むのです。

しかし予算は、役所のシステムで「対前年比」で組まれます。入場者数の最低記録を出してしまった手前、打開策を打つに足る十分な予算を確保できません。

市役所から派遣されてきたある職員は、チンパンジーに傘でも持たせて綱渡りをやらせろだとか、仮面ライダーショーをやれなどと言ってくる。

綱渡りなど、チンパンジーの本来の生態で観られる行動ではありません。

ライダーショーを見せるなら、もはやそこが動物園である必然性はない。

パンダは珍しい、ラッコは可愛い、ウサギはありきたり……。動物園に勤めているとこんな感想をよく聞きます。表面的な部分だけを見て動物をランクづけしている。いいえ。獣医として、動物園園長として私に言わせれば、どんな動物にも光るところが必ずあって、どんな動物もナンバーワンです。

飼育員の仕事は、その動物の特徴をつかんで、一番輝いているところをお客様に見せること。

それまでの動物園は、檻のなかで動物の姿形を見せるだけの「形態展示」が主流でした。そうではなく、その動物が生息している本来の環境をなるだけ再現したケージで、元々の生態、動きや能力を見せようとする展示方法を「行動展示」といいます。

実際、サルは木に登るし、ペンギンは水中にもぐって餌を捕る。人間の生活空間は平面的ですが、動物は、はるかに立体的で動的に生きています。

行動展示をするためのケージを造るのに、この高低のある地形をそのまま生かすことができたんですよ。

こうすることで、動物たちの様子をより本来の生息環境に近いかたちで伝えられますし、お客さんにも自由に歩きまわってもらって、好きな高さから多角的に動物を観てもらえる動線ができました。

小手先の延命策を弄して入場者を千人、二千人増やしても、それは閉園が一年、いや半年延びるだけです。次のピンチが訪れたら、また必ず窮地に陥る。

私がやらなければならないのは、**対症療法ではなく、症状の根治**でした。

知恵07
みんなが主役にならなければ、ピンチは切り抜けられない

飼育員は、私を含めて十人。

私は「いままで私たちは動物のために働いてきた。これからは動物だけでなく、その向こうにいるお客さんのためにも、ありとあらゆることをやろう」と言いました。一人、「そこまではできない……」とやめてしまった人がいましたが、残り九人は結束しました。

撤退はしない、このメンバーで旭山を立て直す。彼らは市の職員だから、閉園しても市役所に戻ることはできたのに、「動物園を閉めるなら、市の職員をやめます」とまで言ってくれた。

兼続の「人こそ組織の財産なり」という言葉、まさにその通りですね。

「困ったときは原点に帰る」という信条に従った。どんな動物にも光るところが必ずある。動物が本来持っている動きや能力を生き生きと見せたらお客さんは喜んでくれる。そんな考えから、動物の「行動展示」が始まった。

お家の一大事にほとんど脱落者が出なかったということは、上杉の家臣団は危機意識をみなで共有していたのでしょう。「家」の問題を、「自分」のこととして捉えていた。

そして私たちもまた、閉園の危機を自分の問題として捉えていました。

ピンチを切り抜けるには、今までと同じことをこれまで以上に一生懸命やればいいということでは済みません。根本的に発想を変えなければならない。

また、みんなが「自分が主役である」という意識で問題解決に立ち向かうよう発想を転換しなければ、ピンチは乗り切れません。

振り返ると、私は「あれをやれ」「これはするな」と飼育員たちに言ったことがありません。部下はみな、自分が主役となって解決すべき問題に主体的に立ち向かっていたからです。

知恵08 リーダーに表看板、裏看板があってはいけない

部下はリーダーのどこを見ているのか。その背中でしょう。

リーダーにとってもっとも重要なことは、**その組織が理想とするあり方、向かうべ**

アザラシ

レッサーパンダ

カバ

ホッキョクグマ

ペンギン

きビジョンを自身が率先して示すことです。兼続はまさにそれを身を以て示しました。大減封後の米沢藩で、兼続は下級武士よりも質素な食事をし、部下の減給を三分の一に抑えたのに対し、自身の減額は十二分の一。

ほとんど家がつぶれかねない危機にあってなお、自分よりも部下たちのことを考え、藩政を立て直そうとしている。この背中を見て熱くならない部下はそういません。

私は、兼続という人は飾らない人だったように思えるのです。

武士の命である刀ですら、錆が出ない程度であればよいとお触《ふれ》を出した。体面を整えるために過度なメンテナンスをするより、その分を逼迫する家計にまわせと。

家臣たち一人一人にも家族がいて、彼らは妻子を養っていかねばならない。誰だって家族や仲間は大事でしょう。

人の命は、メンツより大事だ。

命より名誉を重んじた武家社会にあって、兼続はそういう胸のうちをまっすぐに見せられる人だった。表看板、裏看板がないというのは本当に偉いことです。

兼続は家臣たちをリストラしなかった。

同時に兼続は、**家臣たちに見限られなかったリーダー**でした。

知恵09

マイナスも見方を変えればプラスになる

当時、旭山動物園は、厳冬期には気温がマイナス三〇度。年間に累積七、八メートルの降雪があって、十月下旬から四月末までは閉園していました。

だけど、そもそも寒帯に生息する動物は寒いのが大好き。ホッキョクグマもペンギンもアザラシも、雪や氷の上で生活するように体ができているから、雪が降ると動きが俊敏になる。寒冷地の動物たちの本来の姿を見てもらおうと、試験的に冬期もオープンを始めたのです。

「ペンギンの散歩」は、旭山動物園の人気イベントの一つですが、これは**キングペンギンの運動不足解消策**として始めたのです。**展示にしようとは考えていませんでした。**どうせ冬期で人も少ないし、雪のなかを好きに散歩しておいでと。

ところがある日、来園していた幼稚園児が、たまたま残っていてペンギンの散歩に出くわしたのです。

幼稚園児とキングペンギン、背の高さが近いんですね。園児は物珍しさでとことこ近づいていくし、ペンギンも平気でいる。私の目から見て、いやそうな素振りはして

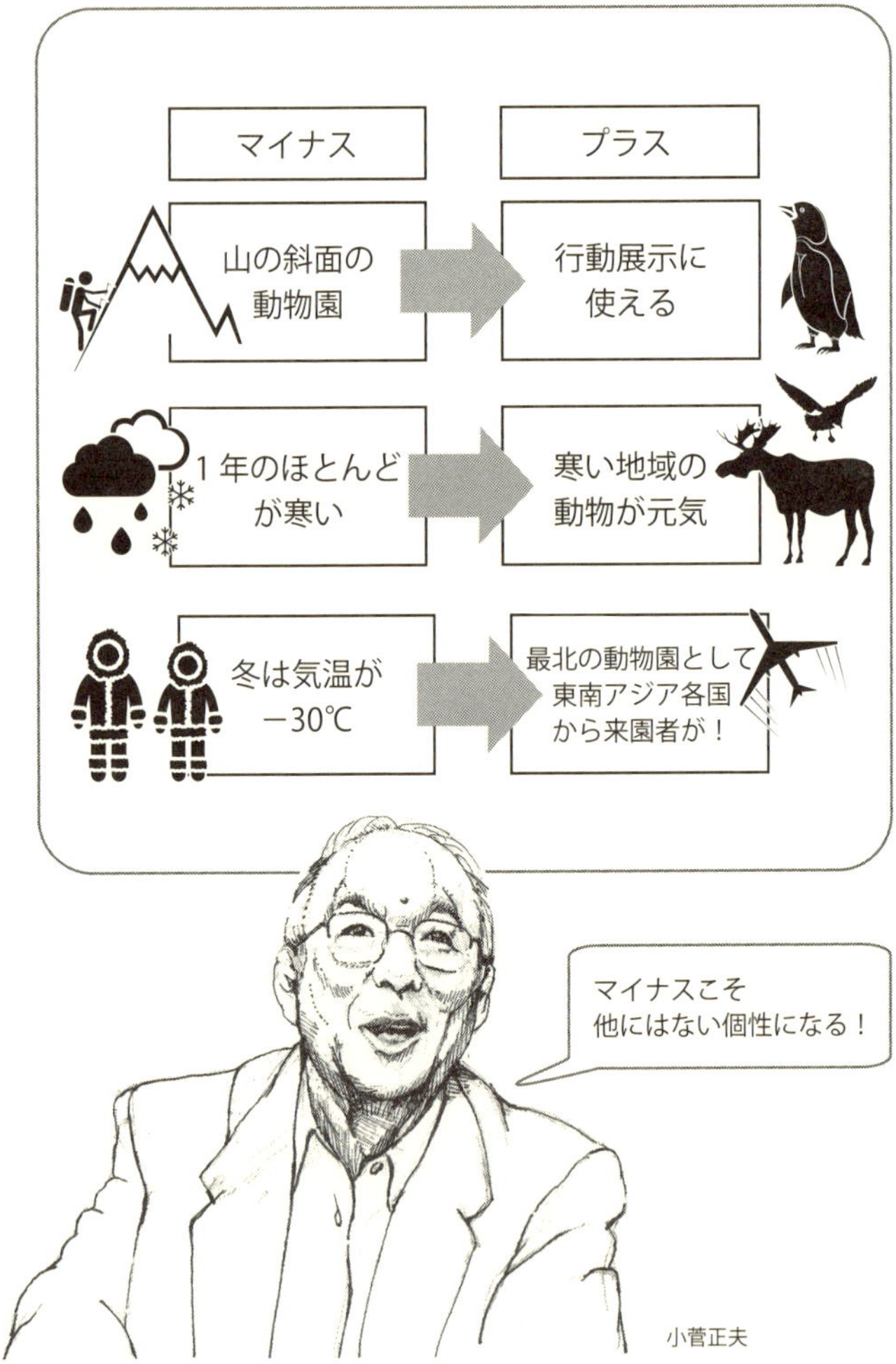
マイナス
プラス
山の斜面の
動物園
行動展示に
使える
1年のほとんど
が寒い
寒い地域の
動物が元気
冬は気温が
−30℃
最北の動物園として
東南アジア各国
から来園者が！
マイナスこそ
他にはない個性になる！
小菅正夫

いない。

雪の上をペンギンが行列を作って歩くなんて、他ではまず見ることができません。これはお客さんに喜んでもらえるかもしれない。冬期も時間を限定して開園したら、これが好評でした。お客さんがどんどん来る。

考えてみたら当たり前の話、こんなに雪が降って寒いところにある動物園は他にありません。マイナスだと思っていた寒さが、他の動物園が真似しようと思ってもできない、旭山だけの魅力を引き出したのです。

旭山動物園は、山の斜面に立地しています。お客さんは園内を移動するのに登り降りしなければならない。

でも、**この地形の高低が、旭山動物園で「行動展示」を始める際、かえって有利に働いた**のです。**マイナスというのは他にない特徴ですし、この特徴を活かせればプラスになります**。

第10章

松平信綱×丹羽宇一郎

危機においてこそ、リーダーは決断力を問われる
〈ピンチ脱出術〉

（前伊藤忠商事株式会社取締役会長・
前中華人民共和国駐箚特命全権大使）

松平信綱

先人たちの知恵を心にとめる。
そうすれば誰でも
知恵者になれる。

江戸幕府三代将軍・徳川家光、四代将軍・家綱の治世、松平伊豆守信綱《いずのかみのぶつな》は、老中として幕政の屋台骨を支えた。のちに「太平の世」と称される江戸時代も、この頃はまだ戦国時代の記憶を色濃く残し、徳川幕藩体制も盤石ではない。

大規模な農民一揆、島原の乱。ひとつ間違えば、戦乱の世に逆戻りしかねない。

そして、市中だけでなく江戸城の天守閣までが焼失したとされる、明暦の大火。

これら未曽有《みぞう》の危機に際して、鎮圧、復旧の陣頭指揮に立ったのが信綱である。知恵を駆使し、大胆な決断を以て問題を解決していく信綱、ついたあだ名は「知恵伊豆」。知恵がこんこんと溢れ「出ず」ることと、役職にかけてつけられた。切れ者、信綱のたぐいまれな知恵を学ぶ。

知恵01
ピンチのときこそ、休む

信綱は、慶長元年（一五九六）、武蔵の国、現在の埼玉県伊奈町《いなまち》に生まれた。父・大河内久綱《おおこうちひさつな》は、徳川家の家臣として、この地方の統治を任される代官だった。

幼い頃から勉学に勤《いそ》しみ利発に育った信綱は、わずか六歳のとき、人生を変える大きな決断をする。二代将軍秀忠の側近である叔父・松平正綱に、「上様の御側でご奉公したく、養子にしてください」と願い出たのだ。

これが容れられ松平姓となった信綱は、秀忠の長男・家光の側近として勤め始める。生来の知恵を働かせて奉公し、やがて家光の信頼をかち得た信綱は、三十二歳のとき、一万石の大名に、三十八歳のときには、ついに国政を取り仕切る老中に就任した。才覚一つで大出世を果たしたのである。

それから数年経った寛永十四年（一六三七）、人生最大のピンチが訪れる。肥前の国で農民たちが蜂起、島原の乱が勃発した。

キリシタンであるリーダー・天草四郎に率いられた一揆軍は、三方が海に囲まれた原城に立て籠もり、その数は三万七千人にのぼったと言われている。

幕府は、三河の大名・板倉重昌《しげまさ》を派遣し、この乱の鎮圧を命じた。

板倉は、一揆軍を農民の集まりと高をくくっていたが、実態は戦慣れした多くの浪人に統率された戦闘集団だった。粘り強く抵抗をつづける一揆軍に、幕府軍は苦戦を強いられる。

業を煮やした幕府は、新たに軍総司令官に信綱を任命し、島原に向かわせた。

功を焦った板倉は、幕府軍三万で総攻撃を開始するも一揆軍の反撃の前に大敗北。四千人の死傷者を出したうえ、板倉までもあえなく討死にしてしまう。

信綱が島原に到着したのはその二日後、まさに**最悪の状況**だった。

ところが信綱は、浮き足立つ陣中で意外な指令を出す。

「甲冑《かっちゅう》を脱ぎ、休息せよ」

敗戦に動揺し、肉体的にも疲弊しきった将兵たちに休息を与え、ひとまず城攻めを忘れさせる。さらに京や大坂から商人を呼んで出店を開かせ、兵士たちに英気を養わせた。

信綱は**兵士たちの不安と徒労感を取り除き、敗北の経験をリセットした**のだ。

である。

知恵02
情報を収集し、心理戦で勝つ

この休息には、もう一つ狙いがあった。その時間を使って敵の諜報活動を行ったのである。

幕府軍が敗北した理由の一つは、一揆軍を農民集団と侮り、その戦力を過小評価したことにある。信綱は相手方の実情をつぶさに調べ直した。

甲賀忍者を城に潜入させる。原城の城壁よりも高い櫓《やぐら》を組んで動きを探る。さらに手紙を結んだ矢を原城に射って内通者を募り、一揆軍の内情を探った。

こうした活動から、信綱は一揆軍の間で、ある噂が広がっていることを知る。

それは西洋のキリスト教国が、自分たちを救いに来てくれるというものだった。

これを知るや、信綱は平戸に貿易に来ていたオランダ船を呼び寄せ、原城に向かって砲撃を依頼。一揆軍の願望を打ち砕いた。

さらに信綱は、一揆軍から送られてきた矢文から、彼らの悲痛な思いを知る。

「領主・松倉勝家が島原を治めるようになって以来ひどい仕打ちを受けています。すべての米を召し上げられ、納めないと拷問を加えられるのです」

一揆軍には、キリシタンだけでなく、松倉勝家の圧政に対して蜂起した農民が数多くいたのだ。

実情を知った信綱は一人でも多くの農民を救おうと大胆な提案をする。

「キリシタンになったことを悔い、投降するものは罪を許す」

この結果、一万人が投降したとも言われる。信綱の指揮によって、島原の乱は発生から四カ月後に収束した。

信綱は、農民に重税を課して苦しめた島原藩・松倉家を改易《かいえき》とし、藩主・勝家は斬首に処した。この当時、一国の主である大名に対する処罰としてはせめて家名を汚さぬよう切腹とするのが通例だが、それすら許さず斬首としたのは相当な厳罰である。

一方、キリシタン信仰を捨てた農民たちについては罰せず、未納だった年貢を免じるなど寛大な処置を以て臨み、農村の復興に取り組んでいった。

知恵03 ときには独断で決める

明暦三年（一六五七）、幕府のお膝元、江戸の町はかつてない危機に見舞われた。市中の大半が焼け落ちた、江戸時代最大の火災、明暦の大火である。一説によれば死者は十万人に及んだという。

二日間にわたって燃えつづけたこの火災によって、江戸城天守閣をはじめ、大名屋敷百六十、旗本屋敷七百七十、そして夥《おびただ》しい数の民家が焼失。焼け野原には被災者が溢れかえり、極度の食糧不足に喘いでいた。

さらに民衆の間では、幕府に不満を持つ地方の大名が、混乱に乗じて挙兵し、江戸に攻め込んでくるという噂が飛び交い、大パニックが起きていた。一刻も早く解決しなければ、無秩序な状態はより深刻になり、死者が増える可能性もある。

信綱は、**このときあることを独断で決定する。参勤交代の停止。**

参勤交代は、各地の大名を定期的に江戸に出仕させ、妻子を江戸に住まわせることで、謀反を防ぐ制度。

しかし、江戸に在住する大名の家臣たちだけで、およそ十万人にものぼる。彼らが江戸にいれば、民衆の救済が後手に回る。そこで大名たちに国元に帰ることを許すという決断を下したのである。また同時に、江戸にのぼって来ることも禁止した。

信綱はこの大きな決断を幕閣に一切相談しなかった。

御三家の一つ、紀州藩主・徳川頼宣《よりのぶ》は幕府の根幹に関わる制度を勝手に変更するとは何事かと、激しく抗議したが、信綱は怯むことなく「被災した大名が、大勢の家臣と江戸にいれば、混乱が増すうえ、被災者が多ければ、米が不足し、飢餓に陥る民も出てきます」「**幕閣に相談すると、物事はなかなか決まらず、日を費やし無益。後日お咎めあれば、自分一人の落ち度とする覚悟で取り計らいました**」と答えた。

信綱の判断と決意を聞き、頼宣は一転、感嘆したと言われている。

こうした施策もあって幕府は復興に注力し、混乱は次第に収まっていった。

すでに多数の幹部の合議によって政策を決定する巨大なシステムと化していた江戸幕府。信綱の独断に基づく決定は、極めて珍しい。

未曽有の危機においてこそ、リーダーはこうした決断力を問われる。

知恵04 先人の知恵に学ぶ

ある日信綱は、知人から、なぜそんなにも知恵が浮かぶのか尋ねられた。

信綱はおもむろに足のくるぶしにある「かしこまり胝《だこ》」（正座をすることが多い人によく見られるタコ）を見せ、「私は幼い頃から、親の側について、家康様と秀忠様のお言葉や行いについて何度も話を聞かされました。よくよく考えてみれば、昔も今も、人の行いというものは、そう離れているものではありません。先人たちの知恵を心にとめる努力をすれば、誰でも知恵者になることができるものです」と答えたという。

幕政の礎を築き、江戸幕府の安定に大きく寄与した信綱の原点、それは先人の教えに、じっと正座し耳を傾けた幼い日の学びにあった。この誠実な態度が、希代の知恵者を生んだ秘密かもしれない。

信綱は六十七歳のとき、病で床に臥すようになる。死を覚悟した信綱は、家光・家綱、二代の将軍からこれまでに届いた文書、書簡の類いをすべて焼いた。信綱の死後、それらが公表され、将軍家に要らざる批判が向けられぬよう生前に手を打ったのである。

知恵伊豆と異名をとった信綱の最後の知恵だった。

寛文二年（一六六二）、信綱はこの世を去る。享年六十七。

丹羽宇一郎

「社長が一緒になって戦っている」という信頼が部下を動かす。

平成十年（一九九八）、丹羽《にわ》宇一郎が大手商社・伊藤忠商事の社長に就任したとき、会社はおよそ四千億円もの不良債権を抱え、どん底の状態にあった。通常、不良債権は会社の経営を圧迫しないよう、少しずつ処理をしていく。

しかし丹羽は、一括処理という異例の策に出た。その結果、会社は市場の信頼を勝ち得て、株価は上昇、一年で経営を立て直す。

さらに平成二十二年（二〇一〇）には、大胆な経営手腕と人脈が買われ、中国大使に就任。緊迫する日中関係の修復に挑んだ。数々のピンチを切り抜けた丹羽は、江戸時代の名老中・松平信綱の知恵をどのように読み解くのか？

知恵05
悲観的に考え、楽観的に行動する

一般的に不良債権は、何年もかけ、分割して処理しながらソフトランディングさせるというのが定石です。しかしそうしている間にも、会社の業績は悪化しますし、一日も早い信頼回復だって求められている。

未曽有の会社の危機に、悠長なことをやっている余裕はありませんでした。

一年という短期で負債を処理したらどうなるか、従来どおり長期的に処理したらどうなるか、**牛が反芻するように何度もシミュレートを繰り返し**ながら考え抜きました。

一部の幹部には相談もしたのですが、再建に失敗したときの責任を問われることを恐れたのか、黙っているか、「それはやめた方がいい」と止められる。最終的に私一人の決断で、不良債権のすべてを銀行・株主に公表し、事業の縮小を敢行しました。

その結果、会社は市場の信頼を取り戻し、株価は上昇。一年で経営を立て直すことができたのです。おそらくこれほど大規模な債権を、一年で処理するというのは日本で類例がなかったと思います。

会社がピンチを切り抜けられるか否かは、リーダーの決断一つにかかっています。

そのために経営者は、日頃から危機に対応できるよう備え、部下より先を読んでいなければなりません。

部下が浮き足立っているときは、リーダーは平然と構える。逆に部下が安心しているときは、リーダーはもっと鼓舞する。トップに立つ人間というのは、いつも相反することを考える必要もあります。

私も常に**「悲観的に考え、楽観的に行動する」**ことを心がけてきました。

何か問題が起きたときにトップダウンで大胆に采配をふるう、そのためには、景気が良くて部下が攻めたがっているときから悲観的な材料を見逃さず、注意を促し、ときにはストップをかけるのです。

知恵06 部下からの信頼を固める

不良債権の一括処理を決断したのは私ですが、それが実行できたのは私一人の力ではありません。必要な施策を打てるだけの優秀な人材がそろっていた。そのこともまた大きかった。

信綱も優れた知恵者ですが、彼の下には優秀な部下がいたと思います。「チーム知恵伊豆」のような。いくら素晴らしい知恵を出せても、その**アイデアを実行するには、一人では限界がある。**

そういった信頼できる部下を育てるためには、まず自分が彼らを信頼すること、そして部下を裏切らないことが肝要です。

部下を裏切らないというのは、何が起きてもリーダーは逃げないということ。そして部下には嘘をつかず、必要な情報は幹部や経営陣だけでなく、現場とも共有する。だからこそリーダーは、常に社員と同じ目線で話ができるようにしておくことが大事になってきます。

私は社長に就任してからも**社員食堂で昼食をとり、通勤に社用車はおろか、そもそも車を使っていません。電車通勤を通しています。**

社員が満員電車に押し込まれてふうふう言いながら出社しているのに、社長は悠々と車で通勤するなど、筋が通らない。

地道で些細なことですが、こういった姿勢を行動で示すことで、部下からの信頼は醸成されます。

戦国時代の合戦の実態は違ったようですが、現代ビジネスにおいては、**リーダーがまず真っ先に戦場に打って出て、引き揚げるときは常にしんがりを務める。**部下から

「この社長は一緒に戦ってくれる」と思われていなくては、部下を動かすことはできません。

知恵07
大きな勝負では独自の情報源が不可欠

私は二十九歳のときからニューヨークに九年間いて、アメリカの穀物市場から大豆を輸出する仕事をしていました。

大豆相場は農産物のなかでも値動きが非常に激しく、豊作の年と不作の年では、相場の読み一つで億単位の差が出る商品です。判断基準の一つとなるのは春から秋の天候で、それがその年の収穫高を左右するわけです。

ある年に、私は大豆の高騰を見越して相当な買いを入れていたのですが、アメリカ農務省が、その年の大豆は豊作だろうという観測を発表しました。当然、大豆相場はどんどん値下がりし、十四億円ほどの売買損を出してしまったのです。

しかし、私はそこで踏みとどまりました。

天気図の見方を勉強したのです。アメリカの気象台の情報をはじめ、穀倉地帯の天候予測を分析しました。すると、大豆の収穫前の時期に、寒波が来ると予測が出てい

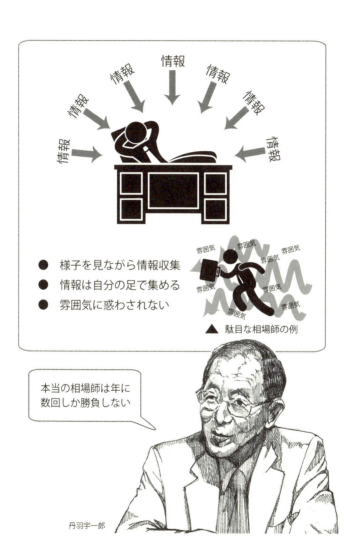

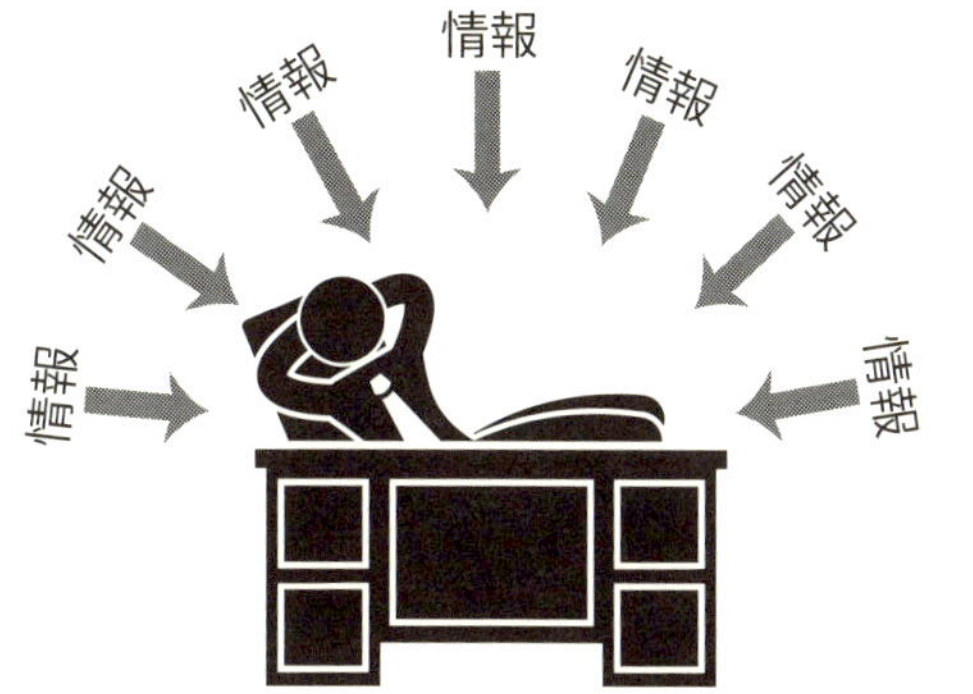

- 様子を見ながら情報収集
- 情報は自分の足で集める
- 雰囲気に惑わされない

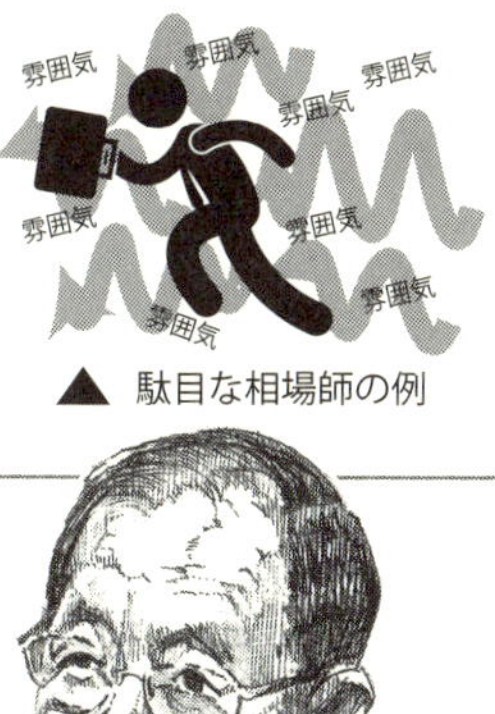

▲ 駄目な相場師の例

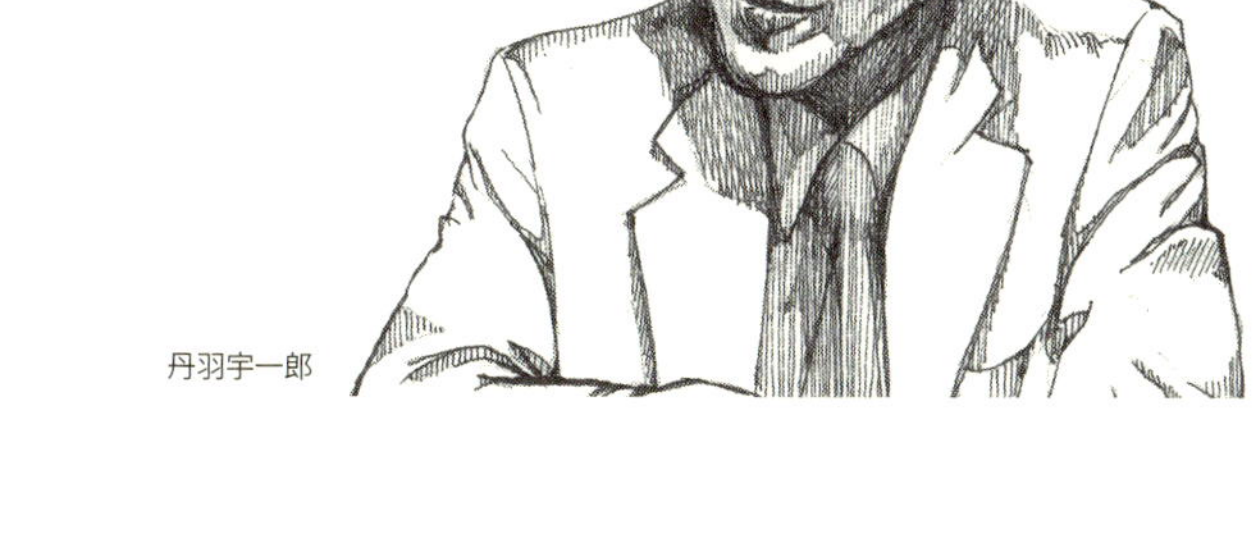

ました。つまり霜が降りる。これは大豆の不作を意味します。そうなれば当然、相場は値上がりする。

危険な賭けでしたが、私はそこでこらえました。

日本の本社や上司からは、もう多少の損はしょうがないから、とにかく早く売りに出せと矢のような催促が飛んできます。

相場の変動を見ていても価格は下がりつづけ、下がるごとに胃のあたりがキリキリ痛む。もう勝手にしやがれとニューヨークの五番街に散歩に出て、本屋をのぞいたりしていると痛みはやむんですが、戻ってまた相場を見ていると、またキリキリ……。

そんなことを繰り返して寿命が縮むような日々でしたが、結果、本当に寒波が来ました。

そこからはもう毎日のように値上がりしていきました。利益に換算すると**一日一億円ぐらい**。それまでの売り手市場に一気に買い戻しが入って、二週間ほどで損を取り返せました。最終的には六億か七億円ほどの儲けを出しました。

もしあのとき、アメリカ農務省の情報だけを信じて安易に売りに走っていたら、その利益は出せなかったどころか、莫大な損を出してその年の決算を迎えていた。私の首だって危なかったでしょう。

島原の乱の信綱の采配がまさにそうでしたが、休むのも戦いのうちなんですよ。相場商品を手がけていて、売りか買いかの判断をする際、**もっとも大事なのは「休む」こと、いわば様子を見ること**です。

本物の相場師というのは年に数回しか勝負をしません。ほとんど様子を見ながら情報を収集し、勝負どころを見極めている。

知恵08 人は仕事で磨かれ、人は読書で磨かれ、人は人で磨かれる

「人は仕事で磨かれ、人は読書で磨かれ、人は人で磨かれる」

私は常々そのように考えてきました。

足にタコができるほどじっと正座をして、先人の教えを学んできた信綱は、「人は人で磨かれる」をまさに体現した人です。

私は本を読んで**心に残った箇所は必ずノートに書き留めておく**ようにしています。

何百ページもある一冊の本を読んでも、本当に心に残るくだりというのはせいぜい二、三カ所あるかないかといったところ。しかしそれすらも、人間はすぐに忘れてしまう。

だからノートに書いておく。

これは人と会って話す際にも同じですね。会話のなかで印象に残った言い回し、新しい発見をもたらしてくれた言葉、それらを家に帰ってからノートに記す。こうしたささやかな習慣が、のちの人生の思わぬところで役に立つものです。

本を読むということは、自分以外の誰かの考え方を知ることです。そこから蒙を啓《ひら》かれるにせよ、あるいは共感や反発を覚えるにせよ、自分の中に複眼的な視座を作り、ものごとを多角的に捉える思考を養うことができます。

そうした豊かな思考を以てすれば、ピンチを乗り越えていく確度も高まるし、ピンチは自ずと自分を磨く好機ともなります。

そうしてつけてきたノートを折にふれ読み返してみてください。時代や年齢によって、自分の心に残る言葉には違いがあることがわかります。

そのノートには自分の成長の軌跡が刻まれているのです。

第11章

夏目漱石×柳本晶一

（前全日本女子バレーボール監督）

個性を見抜いて、個性を刺激する〈若者の能力を引き出す〉

夏目漱石

作家志望の若者の
面倒をみてデビューさせる。
まさしく文壇の名プロデューサーだった。

漱石の自宅には、多くの作家志望の若者たちがおしかけ、弟子として教えを乞うた。集まったメンバーは、のちに日本の文学界を背負うことになる、そうそうたる顔ぶれ。哲学者で文部大臣も務めた安倍能《よし》成《しげ》。「児童文学の父」と言われる鈴木三重吉。さらには、あの芥川龍之介も、漱石を師とあおいだ。

そんな彼らに、漱石は、それぞれの個性に合わせたきめ細かいアドバイスをする。その結果、多くの若者が能力を開花させ、次々と文壇にデビューしたのだった。漱石はどのように若者たちの能力を引き出したのか？

知恵01
若者の趣味やバックグラウンドを見抜く

人を教えるのにマニュアルは存在しない。その人間に合った助言を送るしかない。その基本は「見る」ことだと漱石は考えていた。

漱石に面会したい若者たちは、毎週木曜日の午後に漱石の自宅に集まった。「木曜会」は誰でも参加でき、上下関係にとらわれず、みんな車座で文学や政治について話す自由な雰囲気が作られていた。

漱石は、自分が話すよりも、若者たちの議論を聞き、盛り上がっていく様子を穏やかに見ていることが多かった。

後に、小説「煤煙」で人気作家となる森田草平。彼もまた漱石に教えを乞うた一人である。

森田が初めて漱石の家を訪れたのは、東京帝国大学の学生だった時である。森田は終始オドオドとした態度だった。突然考え込んでは部屋に引きこもってしまうなど、精神的に不安定な部分があった。

森田の小説「病葉《わくらば》」を熟読した漱石は、まず褒めることで自信をつけさせる。「君の病葉を拝見しました。よく出来て居ます。文章などは随分骨を折つたものでせう。趣向も面白い」

さらに漱石は手紙のなかで、小説の感想だけではなく、森田自身の思考やプライベートについて推測する。**「ロシア文学をたくさん読んでいるのでしょう」「すでに細君がいるのではないですか？」**

漱石の手紙は森田に大きな衝撃を与えた。なぜなら、彼は確かにドストエフスキーなどロシアの小説に傾倒しており、また伴侶がいることも事実だったのだ。

森田の趣味やバックグラウンドを鋭く見抜くことで、漱石は**「自分は君を興味をもって見ているよ」**というメッセージを言外にふくませ、森田に自信をつけさせたのだ。

知恵02

ときには、考えさせる

漱石は、弟子たちに甘く優しい言葉を投げつづけていたばかりではない。ときには、考えさせる時間を与えたりした。

「児童文学の父」と呼ばれている鈴木三重吉。彼もまた、漱石を慕った一人だ。三重吉が漱石と出会ったのは東京帝国大学の学生だったとき。

作家志望のはずの三重吉は、一向に自分の作品を見せに来る気配がない。三重吉はすでに完成し、新聞に掲載された作品にまで朱で訂正を入れるほどの完璧主義者だった。そのため、なかなか満足する作品を書き上げることができなかった。

漱石に何度も背中を押され、ようやく青年の淡い恋心を描いた「千鳥」という小説を書き上げる。漱石の推薦を受けて、小説は雑誌に掲載された。しかし、漱石は三重吉に対してある危惧を抱いた。三重吉が美しいながらも情緒的で表面的な描写にばかりとらわれて、人物像を深く掘り下げたり、テーマをきちんと書いたりしていないと考えたのだ。

漱石は三重吉に厳しい言葉を投げかける。「一つ君に教訓したき事がある／自分がウツクシイと思う事ばかりかいて、それで文学者だと澄まして居る様になりはせぬかと思ふ／命のやりとりをする様な維新の志士の如き、烈しい精神で文学をやつて見たい」

漱石は、文学者として厳しい覚悟をもって作品に臨めと伝えたのだった。

だが、その後、三重吉が発表した作品は、どれも「千鳥」とよく似た幻想的な物語ばかり。完璧主義者だけに、一度作り上げた自分の得意分野から、なかなか抜け出すことができなかった。

漱石は、このままでも三重吉は、叙情的な話だけを書くスペシャリストにはなれる。短期的に見ればそれで良いかもしれない。しかし、長い目で見れば、ただそれだけの作家で終わるだろうと予感した。

この頃、漱石が三重吉に宛てた手紙は見つかっていない。漱石は、三重吉には新しい分野を開拓する力があると信じ、自力で飛び立つのを待ったのだろうか。

その後、三重吉は、自分自身の苦しみを題材にした、新しい小説「小鳥の巣」を発表する。テーマを深く掘り下げることを避けてきた三重吉にとって、これまで書いたことのないような作品だった。

小説を読んだ漱石は、さっそく三重吉に丁寧な感想を送る。「小鳥の巣、毎日拝見随分御苦心の事と存じ候」「島へ行く所から大変よろしき様被存《ぞんぜられ》候、あの調子で始めから行かなかったのが甚だ残念に候」

漱石は手紙のなかで厳しい批評を加えながらも、新しい分野に挑戦した三重吉に対するエールを込めていた。「小鳥の巣」について漱石が三重吉に書いた手紙は三通にもなる。

三重吉はこのあとも数多くの作品を発表するなかで、一つの様式に満足することなく自分の文学を求めて模索しつづける。そして、大正七年（一九一八）、子供のための文芸雑誌「赤い鳥」を創刊。児童文学という全く新しい分野を開拓して大成功を収めたのだった。

知恵03 褒めて、ハードルを課して、成功後の姿を示す

漱石は具体的な目標を設定して、成功後の姿をイメージさせることで、相手のやる気を起こさせたこともある。

その典型例が、芥川龍之介である。

大正四年（一九一五）、「木曜会」に東京帝国大学の学生だった芥川龍之介がやってくる。

芥川は、緊張しながらも積極的に発言を重ね、会のなかで早くも頭角を現す。たとえ自分と意見が合わないことがあっても、率直に意見を述べる彼に、漱石は隠された自信とプライドの高さを感じとった。

しかしこのとき、芥川は失意の底にあった。自信作であった「羅生門」が、自分が予想していたほどの評価を受けずに、文壇で受け流されてしまったのである。次にどのような作品を発表すべきか迷っていた。

大正五年（一九一六）、芥川は短編「鼻」を発表する。それは、長い鼻を持ち人々から嘲笑されることに悩む僧侶の話。「鼻」は芥川が古典にヒントを得て、外見にとらわれる僧侶の浅はかさや、他人の不幸を笑う人間の醜さを描いたものだった。

漱石は芥川に賞賛の言葉を送る。**「大変面白いと思います**。落着があって巫山戯《ふざけ》ていなくって、自然そのままの可笑味《おかしみ》がおっとり出ている所に上品な趣があります。敬服しました」

すでに文壇で揺るぎない地位を築いていた雲の上の存在であるはずの漱石に絶賛され、芥川は内心で喜びの声をあげる。

ところが、漱石の手紙には続きがあった。「ああいふものを是から**二三十並べて御覧なさい**」

これには芥川も驚きを隠せなかった。「鼻」は短編ではあるものの、芥川が構想から練りに練って書き上げた作品だ。「鼻」のような優れた作品をあと二、三十書けというのは、決して容易なことではない、達成するまでの困難さは想像を絶するものがあった。

漱石の手紙はつづく。『鼻』のような優れた作品を二、三十書けば、「**文壇で類のない作家になれます**」。芥川はまだ実績も何もない、いわば駆け出しの新人である。そ

芥川龍之介（1892－1927）
東京生まれ。東京大学英文科卒業。在学中に「鼻」を漱石に激賞され、才気あふれるさまざまな作風の短編小説を書きつぐ。「何か僕の将来に対する唯ぼんやりした不安」を抱いて服毒自殺。

鈴木三重吉（1882－1936）
広島県生まれ。東京大学英文科卒業。繊細で浪漫的な作風で文壇に認められた。のち児童雑誌「赤い鳥」を創刊、児童文学の普及と向上に努めた。
〔「大辞林」参照〕

の芥川に、文壇の重鎮である漱石が「類のない作家になれる」と予言したのだ。

「褒める・ハードルを課す・成功後の姿を示す」この三点セットによって漱石は芥川の能力を最大限に引き出したのである。

知恵04
挫折を力に変えさせる

漱石は、将来有望な若者ばかりを相手にしたわけではない。

明治四十一年（一九〇八）三月、森田草平は二十七歳のときに、教え子である平塚らいてうと恋仲になり心中未遂事件を起こす。

すでに妻子もあった森田の行動は、スキャンダルとして世間を騒がせた。せっかく漱石が世話をした中学教師の職を失い、小説家としてのキャリアも絶たれるかもしれない。

窮地に立たされた森田に、漱石は**この事件を小説に書くよう**すすめた。そのことを聞いた平塚らいてうの母親がやめるよう訴えても、森田のために深々と頭を下げて説得する。さらに自ら**朝日新聞とかけあい、連載まで決めた**。

漱石自身もロンドン留学中に神経を患い、挫折を味わうなか、予定の留学期間を切り上げて帰国させられた過去があった。失意のどん底で友人から勧められて小説を書き始めたのが「吾輩は猫である」だった。いうなれば、小説を書くことによって救われた最たるケースが、漱石だったのである。

大正五年。漱石は胃の病気が悪化してこの世を去る。享年四十九。作家として活動したのは、わずか十年あまりだったが、その間に次々と若い才能を見出し、新しい境地を果敢に攻めさせ、日本の文学界に種をまいたのだった。

柳本晶一

我慢が一番大切。
選手が十二人いたら、
十二通りの我慢をしないといけない。

全日本女子バレーボールチームの監督だった柳本晶一《しょういち》。監督に就任した当時は、チームはオリンピック出場を逃すなど低迷をつづけていた。

柳本は、大山加奈、栗原恵ら若手を大胆に起用する一方で、メンバー一人一人の自主性を伸ばすことでチームを活性化させていった。そして平成十六年（二〇〇四）、二大会ぶりにオリンピックの出場権を獲得し、同年八月に開催されたアテネオリンピックでは五位の成績を収め、日本女子バレー復活のきっかけとなった。

様々な個性をまとめあげた名伯楽は、漱石の知恵をどのように読み解くのか？

知恵05 純粋さを消さないような指導をする

私がチームを引き受けた平成十五年（二〇〇三）は、日本の女子バレーはどん底でした。シドニーオリンピック行きも逃し、選手たちは戦う自信を失っていた。はっきり言って、三流だったように思います。

よくたとえで「カマスの話」をします。海で釣ってきたカマスを水槽に入れエサを落とすと、すごいスピードで食べにいく。

次に水槽の真ん中に透明の仕切りを入れて、仕切りの向こう側にエサを投げる。同じようにすごい勢いで突進するが、透明の仕切りにバンバンぶつかる。それを何回も繰り返すと、カマスはあきらめ、**仕切りを抜いても、エサを獲りにいこうとしなくな**

ります。これが三流の状態です。

日本女子バレーはそんな感じでした。しかし、こんなことは組織ではよくあることではないでしょうか。

私がまずやったことは、バルセロナとアトランタ、二度のオリンピックに出場経験がある吉原知子をキャプテンにすることです。

吉原ならこの経験をチームメイトに話していける。少しずつでもチーム全体のモチベーションを、上げていけると思いました。

勝つために必要なことは、スポーツでも会社組織でも同じで、まず目標を設定することが大事になります。この山を越えたらどうなるのか、将来の姿を選手に示すことが必要になってくる。

ただ目的だけ与えてもいけない。モチベーションが上がるように、**具体的なイメージまで伝える**ことが大事です。私も自分の経験を話しました。「入場行進で〝ジャパン!〟と紹介されたときは、今まで感じたことがないくらい体かゾクゾクするよ」とか、「オリンピックに出たら人生変わるよ」とか、毎晩、話したりしました。

「トップアスリートの条件って何ですか？」とよく聞かれます。私は「純粋な人間」であることだと思っています。社会人でも新人のときは、みんながんばろうと思ってスタートします。しかし、小さい人間関係のしこりや、ちょっとした挫折で純粋さが失われていく。

しかし、トップアスリートというのは、十年経っても変わらない。彼らの根っこには、「オリンピックに出て金メダルをとりたいです」と、小学生が作文に書くような純粋さが残っています。

指導する立場で言えば、この**純粋さを失わせない**のが良い指導です。漱石も弟子たちのいろいろなことを見抜いていたと思います。十人いたら、他の九人にない能力を見つけて、その個性をどう刺激していくか、手法を変えながら考えていた。

しかし、基本的なところでは、「小説家として食っていきたいか」「百年後にも読まれる小説を書きたいか」と聞かれたら、十人中十人が、「はい」と答えるような、若者たちの純粋さを失わせないような指導を、全員にしていたのではないでしょうか。

知恵06 男子と女子の指導方法は違う

私は、男子も女子も指導しました。

東洋紡から声がかかって初めて女子チームを指導したとき、**選手から総スカンを食**

2004年のアテネオリンピック。対中国戦で、第１セット終了後に、選手に指示をする柳本晶一監督。

らって大失敗したことがあります。

男子で成功していたから女子もやれると高を括っていた。でも全く選手を動かすことができなくてチームは低迷。

もうどうにもならなくて、リフレッシュ休暇を与えた。それが終わってみると、部員が二十四人いたのですが四人しか戻ってこなかった。自分のやり方が間違っていると思うしかありませんでした。

男子は割合と単純で、論理的にものを言えばだいたい分かります。でも女子は、それだけではだめ。**それ以外のコミュニケーションをいかにとるか、**それに尽きます。

たとえば、女性同士が「あ、そのカバンかわいい」とか「昨日の○○見た？」などと話しているのを男性が聞くと、それがどうした、と思う。そのやり取りに何の意味があるのかと思えば、何もない。だから、さらに時間の無駄だと思えてしまう。でも、女性の指導ではそれを欠かすことはできないのです。

私も普段の生活だったら、女性に「髪を切ったんだ」とは言わない。しかし選手が髪を切ったら、「いい髪形になったやないか」と声をかけるようにする。

メールにしても、「明日のミーティングは×時」と、用件だけを伝えるのではなく、「今日のサーブはよかったよ」と、一文を添える。彼女たちにとっては用件そのものより、その一文が大事だったりする。そういうコミュニケーションがないと、彼女たちはうまく動かないと思いました。

知恵07
穴が開くほど選手を見つづける

伸びるスピードも、選手それぞれで全く違います。

「よーいドン」でスタートしても、一メートルしか進まない子もいれば、三メートルの子もいる。たまに、ポーンと一〇メートル進むような「十年にひとりの逸材」と呼ばれる子もいる。

「成長の時計」は、進み方がまったく違うのだということを、指導者は理解しておく必要があります。性格にしても「私はオンリーワンよ」という子がいれば、「私は控えめでも大丈夫」という子もいる。

選手たちそれぞれの能力や性格を見極めながら、いかにやる気を継続させていくのか。選手のことを最優先に考える。指導者は選手の伴奏者になっていくべきです。

やる気を継続させるためには、伸びた瞬間を見逃さずに褒めること。私にも経験がありますが、選手には必ずポンと殻を破る瞬間が来る。**伸び悩んでいる選手が伸びた**

瞬間を見逃さずに、「できた！　それだ、やったな！」と声をかける。

努力の末に克服したときに、私たちは感動を味わうことができる。そういう喜びや感激によって人は伸びるのです。

私は練習のときは携帯電話を持っていきません。選手たちが伸びた瞬間を見逃したくないからです。コートでは選手たちを見つづけます。毎日同じ場所、同じ角度から見ていると、小さな変化にも気づくことができます。また、ときには場所を変えて観察することも、新しい発見があったりします。とにかく、穴が開くほど選手を見つづけるのです。

●限界ばかりに挑戦させてもいけない

漫然と褒めるタイミングを待つのではなく、意図してそのタイミングを作ることもありました。「跳び箱」にたとえるならば、三段を跳べる子に、六段を超えるように努力させたとします。

限界に挑戦させることは悪いことではないのですが、いつも能力の限界にまで挑戦させていると、**選手もだんだん不安になって自信を喪失してしまう**。そういうときに、相手が気づかないうちに**跳び箱を五段に替えて超えさせる**。それで「努力は無駄じゃ

柳本流　選手の育て方

【その1】 伸びた瞬間に褒める！

よくやった！

【その2】 伸びる瞬間を見逃さないように、あらゆる角度から相手を見る

柳本晶一
指導中は一度もコートで座ったことがない

なかったよ」と言って褒める。

漱石は「見る」達人だったといいます。教師をしていた頃、理解できないと首をかしげる生徒がいて、そういう生徒をつぶさに観察し、首をかしげていると、もう一回同じ説明を繰り返したそうですね。

褒め言葉が相手に響くのは、そういう「観察眼」があったからのことだと思います。

知恵08 選手を信じて突き放す

伸びた瞬間に褒めるのと同じく、指導者には、今、ここで褒めておこう、今突き放しておこうという、一人一人にドラマを作るプロデューサー的な役割が与えられていると思います。

そのためには、わざと、突き放すこともある。

ベストリベロ賞を何度も受賞している**佐野優子**という選手がいます。平成十五年(二〇〇三)のチーム結成当初、私は彼女を中心選手に置くことを考えていました。

佐野はアンダーハンド・トスの技術では世界でトップクラスの選手です。しかし、その頃は、まだそこまで達していませんでした。強敵を倒してアテネオリンピックの切符を取るには、オーバーハンド・トスを使ってリズムを作るバレーをしなければいけなかった。

佐野の存在が欠点になる。チームを再調整するにも、世界最終予選の時間は決まっている。時間がない。それで最終予選直前に、佐野を外しました。

体育館に彼女を呼んで、「**お前をオリンピックに連れて行かない**、お前一人を連れていくことでチームが死んでしまうから、お前は連れて行かない」と言いました。佐野は泣いていた。でもチームの全体事情を考えれば、佐野を突き放す他なかったのです。

それから佐野の闘いが始まりました。フランスリーグ、実業団をまわりましたが、アンダーだけに徹して、一切オーバーを使わなくなった。ひたすらアンダーに磨きをかけて、世界のトップに立つまでになった。そして四年後の北京オリンピックで、代表としてコートに立ったのです。

佐野を突き放したときはつらかった。だけど、中途半端な気持ちで佐野を使いつづけなくて良かったと思っています。なぜなら、そうしていたら佐野の成長はそこで止まってしまったから。

とはいうものの、佐野のことがずっと気がかりでした。アテネオリンピックが終わった後も、折にふれて佐野が出る試合を見つづけました。だから、四年辛抱して待って、佐野が北京のコートに立ったときは、やっぱりほっとした。帰ってきてくれた、と。

佐野は自力ではい上がってきましたが、選手が伸びるには、時間と辛抱が要ると思います。あえて突き放すことは、自分で考えさせるという効果があります。一言で足りないことでも百回言えば、それは分かるかもしれません。しかし、心に響くかどうかは別です。やはり、**自分で感じて、エネルギーを起こさせて、自分から踏み出させなければいけない**のです。

漱石の弟子は、ひとりひとりいろいろ挫折を経験し、自殺未遂する者までいた。しかし漱石は、最後まで全員をあきらめていません。最後まで辛抱して、ぐっと引っ張っている。

指導者で大切なのは、手法とか、人間的な魅力だと言われていますが、私はそうは思いません。我慢です。選手が十二人いたら、**十二通りの我慢**をしないといけない。これを忘れたら、絶対結果は出てきません。

第12章

鍋島直正×藤田晋

挑戦した結果の失敗には、セカンドチャンスを与える〈若者の能力を引き出す〉

（サイバーエージェント代表取締役社長）

鍋島直正

リーダーがまず範を示す。

総理大臣を二度務め、日本の通貨を「円」という呼び名に定めた大隈重信。

現在の都道府県制の基礎を作り、司法制度を確立した江藤新平。

誰もが学校で学べるよう国民皆学の制度を作り、東京を日本の中心と位置づけた大木喬任《たかとう》。

これら近代日本の礎を築いた人材を輩出したのは九州、佐賀藩。さらには、鉄道や通信などのインフラを整えたのも、東大医学部や日本赤十字社を創設したのも、みな佐賀藩出身の者だった。

それを率いたのは鍋島直正である。文化十一年（一八一四）に生まれた直正が藩主となったのは十六歳。幕末の動乱に加え、佐賀藩は未曽有の天災に見舞われ、先代からの借金で財政は破綻寸前だった。さらに西洋から開国を求める船が押し寄せ、沿岸警備を担う佐賀藩は脅威にさらされていた。

窮地に立つ佐賀藩、藩政再建のため、人材育成は喫緊の課題である。直正は失敗つづきの部下たちのやる気に火をつける。そして苦心して、最先端の科学技術を自分たちのものにしていった。日本初の鉄製大砲や実用蒸気船を生み出し、同時代の諸藩を凌駕する近代化を達成していた佐賀の様子は、司馬遼太郎『アームストロング砲』にも詳しい。

幕末日本屈指の人材バンク・佐賀藩と鍋島直正の育成術とは?

知恵01 外から人を呼び込み、チームを活性化させる

江戸幕府は、科学技術の導入を真剣に考えていたが、それより早く、その重要性を認め、積極的にとり入れた人物がいた。佐賀藩主・鍋島直正である。

この時代、国際感覚に優れていたのは、幕府よりも長崎出島に隣接する、福岡藩や佐賀藩だった。特に長崎湾の防衛警備に力を入れた直正は、外国船を見るにつけ西欧と日本の技術格差を肌身に感じていた。

これからの国防は、西洋の科学で決まる。

嘉永五年(一八五二)、直正は藩の技術力強化をめざし、西洋技術の研究所「精錬

方」を設立する。精錬方がめざしたのは、高性能の火薬、ガラスやパルプなどの新素材、カメラ、そして蒸気機関などの開発である。

直正が厚い信頼を寄せた部下の一人、佐野常民《つねたみ》をリーダーにして藩内きっての優秀な人材が集められた。だが、藩の人材だけでは限界があると悟った直正と佐野は、外部から人材を呼び寄せることにする。

京都の中村奇輔《きすけ》は、西洋の化学を学び博識を誇った。奇抜なアイデアマンとして知られていた。

入手した洋書を翻訳するために、語学の天才と呼ばれた石黒寛次を京都から呼び寄せる。

また、一度ゼンマイを巻くと一年動きつづける時計や、精巧でなめらかな動きのからくり人形を作り、すでに京都で「からくり儀右衛門」として名を馳せていた田中久《ひさ》重《しげ》も呼ばれた。

しかし当時は、情報管理の面から、藩外の人間をおいそれとやとい入れることはできなかった。特に佐賀藩は、二重鎖国と呼ばれたほど厳しい管理体制を敷いていた。

加えて中村奇輔は京都で百両もの借金をつくっていたひと癖ある人物でもあった。重臣たちは当然、これらの招聘には猛反対する。だが直正は意に介さず中村の借金を肩代わりする。直正は優秀な技術者たちを快く迎え入れたのだった。

知恵02

リーダーがまず範を示す（率先垂範《そっせんすいはん》）

他藩と異なり、日本で唯一、開港している長崎湾と出島がすぐそこにある地の利を生かし、直正は家臣たちに西洋の文化、知識を学んでほしいと考えていた。

しかし家臣たちは及び腰だった。公用以外で出島に出入りすることは原則として禁止されていた時代、オランダ人と積極的な交流を持つなど、当時の常識では考えられなかったのである。

そのために直正はまず自分が動いた。**リーダーである自分が変われば、人や組織は自ずと変わる。**

直正は藩主として、長崎湾に停泊中のオランダ船の内部を見学することを希望した。直正ほど身分の高い人間が、外国船に乗り込むことはほとんどなく、家臣たちのみならず、長崎奉行までも反対するが、長崎防衛の参考にすると名目をつけて押し切り、当時の大名としては初めてオランダ船の中に入る。

以後も機会があれば、外国船を見学した。また直正は、出島に来たオランダ人将校らと積極的に交流を持ち、西洋の文明や日本の現状について話し合う。

藩主に刺激を受けた家臣たちも、積極的な行動に出るようになる。幕末は長崎出張中の藩士がオランダ人ら外国人と交わり、行き来する様子も見られるようになった。

知恵 03
百回失敗しても、くじけるな(百折《ひやくせつ》不《ふ》撓《とう》)

直正は、佐賀藩独力で**「鉄製の大砲」**を鋳造することにも挑んだ。

だが発射の衝撃に耐えるだけの硬度を持つ砲身には、純度の高い鉄が不可欠である。

佐賀藩はまず「反射炉」を造り、製鉄、精錬の技術を高めた。

当初の反射炉では、内壁のレンガが千数百度に達する熱に耐え切れず、溶け出してしまう。溶け出したレンガが鉄に混ざればその純度は落ちる。

大砲製造の責任者、本島《もとじま》藤《とう》太夫《だゆう》は有田焼などの磁器製造で使われる耐火レンガをとり入れ、ようやく七回目の挑戦で造ることに成功する。

しかし完成した砲身は、試射で砕けてしまった。

莫大な資金を投入している反射炉による大砲製造事業。この失敗に、町人や役人から「金の無駄だ」と批判が噴出し、本島をして「切腹して殿にお詫びをする」とまで言わしめる事態となった。

しかし直正は「死ぬとは何事だ、**西洋人にできて我々にできないことはない、**試験と研究を重ねれば必ず成功する」と叱咤する。

失敗の責任を追及するのではなく、失敗の原因をつきとめ、あくまで研究をつづけ前に進むことを促したのだ。

直正の言葉に奮起したチームは研究に励み、研究開始から満二年、十五回目の挑戦で成功を収めた。

直正にはいつも心にとめている言葉があった。

「人は下《しも》ほど骨折り候こと、能《よ》く知るべし」

佐賀藩祖・鍋島直茂《なおしげ》が家訓としてのこした「御壁書《おかべがき》二十一箇条」のなかの一節である。現場の人間の心を理解していた人間も、昇進しリーダーとなると現場の苦労を忘れてしまう。

直正は、下で働く人間の苦労を常に忘れなかった。

●分からなければ、教えてもらえ

佐賀藩が大砲製造に成功したという知らせは、すぐに江戸に知れ渡った。大砲があれば押し寄せる外国船を牽制できる。幕府は一挙に五十門の大砲の発注をかける。

しかし量産にあたり、本島たちはある不安を抱えていた。

試射には成功したものの、果たしてこの大砲は「実戦」に耐えうるのか……。そのためには適切な量よりも多く火薬を使用した厳しい条件下でテストをしなければならない。

本島たちにはその性能を試すのに適切な火薬の量が分からなかった。悩む本島たちに直正は命じる。

「分からなければ、長崎のオランダ人に聞いてきなさい」

直正が率先し奨めてきたオランダ人との交流がここでも生きた。

しかるべき火薬の量は「弾の重さの二分の一」だという。

結果、本島たちの大砲の砲身は見事にこのテストをクリアする。五十門すべての大砲は幕府に納入された。この大砲が据えつけられたのが品川台場、**いまのお台場**である。

佐賀藩には、諸藩からの注文や、技術協力の依頼が殺到し、全国最先端の兵器廠《しょう》のような様相を呈した。一介の外様でしかなかった佐賀藩は、日本屈指の雄藩に躍り出たのだった。

知恵04 人材は刻苦勉励《こっくべんれい》で磨かれる

直正は、佐賀藩のこれからを担う人材育成のため、藩校・弘道館《こうどうかん》の拡充も指示している。藩主に就任した直後から、月に一度は必ず弘道館を視察に訪れ、漫然と学習させるだけでなく、嘉永三年（一八五〇）には、その達成度に基準を設けた。

剣術ならば免許皆伝まで、語学なら漢籍を読めるまでといったように。この基準に達しなければ、**藩士の家禄である収入を減らす**というルールも制定した。

人材育成に懸ける弘道館の姿勢は、直正が藩主になった翌年出した「御用に立ち候人才でき候よう」（仕事が立派にできる人材を育成できるように）という言葉が残されていることからも推し量れる。

直正は明治四年（一八七一）にこの世を去るが、こうした育成が奏功し佐賀藩からは、近代化という激動の時代を技術的側面から支える多くの人材が巣立っていった。

特に、交通や通信などのインフラ整備を担当した工部省では、人員の実に六分の一、およそ八十人が佐賀藩の出身だった。

佐野常民は、工部省でそれまで日本になかった洋式灯台の普及に尽力。

田中久重は、のちに東芝となる機械工場を銀座に設立し、電報や電話の発展に貢献した。

明治新政府の要人となる大隈重信は、若き日に佐賀藩の蒸気機関テスト走行に感銘を受けた一人であり、新橋─横浜間を走った日本初の鉄道開通に尽力することとなる。

産業革命の源流であり、技術立国となる日本の姿を、佐賀藩はすでに先取りしていたのである。

藤田　晋

若い時期は、効率より場数。
場数を踏んで、痛い目にも
遭ってもらう。

日本を代表するインターネット企業・サイバーエージェント社長の藤田晋《すすむ》。藤田は二十四歳で起業、わずか三人で始めた広告代理店を、社員三千人の大企業に成長させた。人気のブログや、仮想空間でコミュニケーションを楽しむサイト、スマートフォンのゲームなど、若手社員をまとめ、新サービスを次々と打ち出していく。

組織を巧みに育てる現代のリーダー・藤田晋は、人材育成の名人の知恵をいかに読み解くのか？

知恵05 失敗は会社の資産

「マキシムズ」という社員への行動規範を明文化したもののなかに、こういう言葉があります。

「挑戦した結果の敗者には、セカンドチャンスを」

失敗した人というのは、挑戦した過程で得た知識や経験を持っている。それがあるなら次のトライで成功する確率は上がる。失敗のたびに責任を追及されたらそのアドバンテージを生かすことはできません。

サイバーエージェントという会社もまた、佐賀藩の大砲鋳造のように、未踏の分野に分け入っていくような事業展開をつづけています。そもそもＩＴ業界全体がそうです。

だからこそ**失敗したパターンの蓄積は大事なデータにもなる。**失敗した経験というのは会社の資産です。

知恵06 人は任せて伸ばす

現場で優秀な成績を残してきた人がリーダーになると、**部下の仕事に介入したくなる**気持ちは強い。でもそれでは部下は育ちません。そこに気づかず「部下が育たない」とぼやく人は意外といるものです。

サイバーエージェントの人材育成は**「任せて伸ばす」**というもの。

「採用・育成・活性化」と言って、採用した人を育てることはどこも同じでしょうけど、それを「活性化」させることに比重を置いています。その活性化が「任せる」ということ。

若い時期は「効率より場数」だと僕は思いますから、場数を踏んで痛い目にも遭ってもらう。それでも**責任ある立場と権限を与え決断させていく**。経験のない段階で効率を求めても、それはないものねだりでしょう。

若手に子会社の社長の肩書きを渡し、新規事業の立ち上げを任せるのだから当然失敗もあります。リスクは社長である僕が引き受けるから、代わりに荒波に揉まれて成長してきてもらう。

僕は、チャンスに恵まれずに宝の持ち腐れになっている人が、世の中には相当数いると思ってます。僕自身経営の経験もなく二十四歳で起業をし経営者になったのです。置かれた環境によってその人のポテンシャルは変わる。であれば、任せて試さない手はありません。

知恵07

会社を変えるには、社長も現場に出て仕事する

会社を経営しはじめて十年、自社でAmebaという、ブログを中心としたサービスを立ち上げたとき、僕自身は**「任せる」スタンスを一度やめました**。

それまで売り上げの主軸だった広告代理店事業では、桁を変えるような急速な成長を見込めない。新たな収益の柱として、Amebaというメディア事業へ本格参入する。

そうすると、提供するコンテンツの質を高めるという、ある種の製造業としての側面が、新たにビジネスに加わりました。具体的には、ブログのフォーマットのデザインを細部まで徹底的に磨き上げていくようなことです。

そのクオリティを高めるために、コンテンツやサービスの細かい部分、本来なら各部門の責任者が管轄すべきディテールにまで、僕がこだわってみせました。

目的に合わない企画が出されたときは厳しく叱責しましたし、技術者と一緒に食事をして何度も事業について語り合う。

Ameba事業部があるビルに、**社長室ごと移動し、一緒になって仕事をした**んです。

そうやって僕が本気でこの事業に取り組んでいる姿勢が社員に伝わったとき、初めて会社のなかに「Amebaを成功させる」という熱気のようなものが生まれてきました。

統括、決裁、承認。トップは責任をとるためにいるというスタンスでは、僕の新規事業に賭ける思いは現場に全く届かなかった。

会社を変えようと思うなら、**まずトップが変わる姿勢を見せなくてはなりません。**

知恵08

撤退ラインを決めておく

Ameba は黒字化するのに五年かかりました。今では収益の柱となる事業に育ちましたが、ここまで来るのに「Ameba さえやらなければいい会社なのに」と投資家や株主から言われたことも数知れず。

僕が**「あと二年でダメだったら責任をとって会社を辞める」**と役員会を説得して、Ameba という事業を継続させてきました。

ただ、会社経営では、このようにダラダラした投資はとても危険です。投資した額を回収しようと、さらに投資を重ね、引くに引けない状態に陥ってしまう。

サイバーエージェントでは新規事業に**「撤退ルール」**を設けています。立ち上げ前の出資金額からおおまかな開発期間を経て、「この期間で収益化できなかったら諦める」という撤退ラインをあらかじめ設定しておく。

「短期的な赤字でうるさく言われないから仕事に取り組みやすい」と、社員にも好評です。

知恵09
自分を変えることに慣れさせる

社員のやる気をとにかく刺激して、現状に満足しない意識を育てる。サイバーエージェントでは新しいポストを作ったり、大胆な若手の抜擢人事を頻繁に行い、誰にでもチャンスがあることを、これでもかというくらい見せるようにしています。限られたポストを狙った足の引っ張り合いや、年功序列による嫉妬は起こりません。社員も「自分が抜擢されるのはいつか」と気を引き締めているでしょうね。

役員のポストも二年に一度、二人を入れ替えます。必ず二年で二席空くと思えば、そこが目標にもなりますし、役員も外れたくないから奮起する。そうやって組織全体のやる気を底上げしています。

普段から席替えもよく行います。例えば、会議の席順ひとつでも自然と定位置化しがちですが、それくらい人間は放っておくと無意識に安定を求めてしまうものです。

日常から変化に慣れさせ、自分を変えることにも慣れてもらう。

僕たちがいるネットビジネスの世界は、日々、加速度的に変化していきます。激変する時代に最適化された個人、そういう人を育てていきたいですね。

サイバーエージェントの会議風景（上）とデスクフロア（下）。「挑戦した結果の敗者にはセカンドチャンスを」という藤田の思想は確実に、社員一人ひとりに浸透している。（写真／同社提供）

知恵10

実力主義型終身雇用で社員のやる気を引き出す

今やヘッドハントというのは当たり前、ＩＴ業界でもよく使われる手法ですが、僕はあまりやりません。

すでに一定の成果を上げている事業や部署に、さらに活力を注入するために、外部からの人材を投入することはありますが、原則、僕は新卒を採用し育て、活性化させていくほうに力を入れています。

外と競争するのではなく、**社内の同期と争う**ように働くことが、会社の原動力ですから。

変化の速度がこれだけ早い時代において、サイバーエージェントでは実は**終身雇用を目指しています**。

かつての高度成長時代の年功序列とセットになったそれではなく、「実力主義型の」という留保はつきますが、能力とやる気のある社員は会社の財産。そういうスタンスが社員の能力とやる気を引き出すんです。

僕が顔を出すと、仕事がうまくいっている社員はにこにこしながら顔を見せますが、そうでない社員は沈んでいて、それだけでも「ああ、そうなのか……」と分かってしまう。

僕は社員とよく食事に行きますが、成果を上げたチーム、活躍してくれた社員を労《ねぎら》うための場です。つまり社長との会食に呼ばれないということがプレッシャーになる。でも、それは僕なりの**「みんなの働きぶりをちゃんと見てるぞ」**というエールです。

報酬が金額として返ってくることももちろんですが、自分の成功を見てくれている、誰かが認めてくれるということが社員は嬉しいのです。

結局、それが一番効きます。

第13章

上司のタイプを四つに分析する〈上司との付き合い方〉

徳川家康 × 伊東潤

（作家）

徳川家康

情勢を見極める冷静な目。
上司に合わせて自分を変える。

「織田がつき　羽柴がこねし天下餅　座ったままで　食うは徳川」

徳川家康は、江戸時代の落首からも、悠々と天下をとった人物のように思われているが、実はその苦労たるや、尋常なものではなかった。なにせ、信長と秀吉という一筋縄ではいかない武将二人に仕え、何度となく降りかかる危機を克服してやっと天下を手中に収めた人物である。

信長はキレやすく、自分勝手で、気に入らなければ容赦なく腹を切らせるワンマンタイプ。

秀吉はというと、目立ちたがり屋で天性の人たらし。しかも家康を巧妙に手駒として使うくせもの。家康は、次々と理不尽な要求をつきつけてくる二人の「上司」に振り回されながらも、うまく渡り合ってきたからこそ戦国の世を生き残り、天下をとることができた。家康流「上司との付き合い方」に迫る。

知恵01
ここぞというところではキレる

徳川家康は、三河の小大名、松平家の嫡男として、天文十一年（一五四二）に生まれた。当時、松平家は隣接する駿河の大名、今川家の支配下にあり、幼い頃の家康は人質として駿河に送られ、十年以上も今川家での暮らしを余儀なくされる。

そんな家康が、織田信長に接近したのは永禄三年（一五六〇）、桶狭間の戦いの後だった。この戦いで、信長が今川義元を破ってくれたおかげで、今川家の支配下にあった松平家は事実上の独立を果たせた。

とはいえ、松平家が弱小であることに変わりはない。信長も今川家の勢力を尾張から駆逐したものの、尾張一国を治めるほどの力はまだない。

甲斐の武田勝頼、美濃には斎藤龍興《たつおき》と有力武将がひしめくなか、生き残るために織田と松平は同盟を結ぶ。しかし兵力に劣る家康の立場は、信長と対等ではなかった。

●姉川の戦い

元亀元年（一五七〇年）、信長と家康が、浅井長政・朝倉義景《よしかげ》の連合軍と激突した。

戦闘前の軍議では、織田軍が朝倉軍と戦い、徳川軍は浅井軍と戦うと決まっていた。ところが翌日、信長は、浅井軍のほうが兵力が少ないことを知るや、前日の決定をくつがえす。織田対浅井、徳川対朝倉という組み合わせに変えてしまう……。

徳川軍の兵力は朝倉軍の五分の一。不利な戦いを強いられる家康の家臣は憤慨した。しかし家康は、「大軍に向かうは武士の本望ぞ」と言って、信長の決定に従うことを選ぶ。

今、信長に逆らうことは得策ではないと判断したのだ。家康は最終的には朝倉軍を撃破し、姉川の合戦は勝利に終わる。

●高天神城の戦い

しかし家康の忍耐の日々はつづいていた。

天正二年（一五七四）、甲斐の武田勝頼が、家康の持ち城である遠江《とおとうみ》の高天神城《たかてんじんじょう》に攻め寄せる。

高天神城は、長篠城とともに武田領に近い重要な城。二万余の軍勢で押し寄せた武田軍に対し、家康の兵力はわずか八千。家康はたまらず信長に援軍を要請する。だが、四方に敵を抱える**信長は、無情にも「持ちこたえよ」と返事をして、動こうとはしな**

かった。

こうして高天神城は落城し、家康は防衛線を下げざるを得なかった。

●長篠の戦い

一年後の天正三年（一五七五）、勝頼は再び兵を率いて、奥三河の長篠城へと進軍した。この城を失えば、三河に侵攻するための格好の拠点を武田方に与えてしまう。この存亡の危機に際して、家康はこれまでにない行動をとる。再び信長に使者を送り、強い口調でこう言わせたのだ。

「今度も援軍がなければ、武田方に寝返り、勝頼とともに尾張になだれ込む所存」

忍耐強い家康がキレた。

信長は驚き、自ら三万の大軍を率いて三河に駆けつけた。

家康のこの行動には、深い読みがあった。

当時、信長は四方を敵に囲まれていた。同盟を結ぶ家康を失うことは、織田家にとっても大きな痛手になる。家康はこういった情勢を冷静に分析、**タイミングを見計らい強硬な態度に出たのだ。**

織田の援軍を得た家康は、設楽原《したらがはら》で武田軍を撃破する。長篠城を守りきることに成功しただけでなく、武田軍に立ち直れないほどの打撃を与えたのだ。

知恵02

主君の得意分野に挑む

「手の内にないことをするのが武将だ」

信長は、日頃から上に立つ者の心得をこう語っている。相手の意表を突くことこそ信長の真骨頂である。

その信長にサプライズを仕掛け、「なかなかやるな」と喜ばせたのが家康だった。天正十年（一五八二）、武田家を滅ぼした信長は、安土城に戻る途中、富士山を見物した。

家康の領土・駿河を通る信長のために、家康は突貫工事で街道を整備した。街道沿いの要所には警備兵を配置、宿場では信長のために立派な宿を用意し、家臣のために千五百軒もの家を新築するという大掛かりなものだった。

千軒の家屋があれば大都市だったこの時代、家康の仕掛けたサプライズは、都市を一つ新たに造ったに等しい。

信長を驚かせる仕掛けはまだあった。天竜川にさしかかったときのこと。天竜川は流れが速く橋がかけられない。家康は橋の代わりに船を並べ、家臣たちに両岸から大綱を引かせ船を固定していたのだった。

信長にとって、この富士山見物はただの物見遊山ではなかった。武田を滅ぼし、その武名を轟かせた自分が、天下一の富士を見物する。**自身の威光を広く知らしめるためのビッグイベント**だった。

そこに家康は、細部にまで行き届いた「おもてなし」の心で華を添えた。家康は普段、麦飯でなければ食べないと言われたほどの倹約家である。その家康がこれだけの資金と労力を投入した。

二、三万両が使われたと思われるが、それは**現在の資産価値で五百億円近い額**である。

信長自身、意表を突く発想をする男。家康は、いわば上司の得意技に挑戦したのだった。安土城に帰還後、信長は家康に八千俵の米と黄金二百両を下賜している。この「おもてなし」により、家康は信長の心をがっちり摑んだのだろう。

しかし、これは信長だから喜ばれたということを、いちばん知っていたのは、他ならぬ家康だ。同じようなことを、秀吉に対してやったとしたら、まったく違った反応を示すと考えていた。

知恵03

敵であっても優れた技なら、それを盗み、学ぶ

天正十年、本能寺の変で信長が横死《おうし》すると、秀吉が権力を握る。秀吉に反発していた家康は、天正十二年（一五八四）に小牧長久手の戦いが起こると、信長の次男・織田信雄《のぶかつ》に加勢して戦う道を選んだ。

しかし、その信雄が、秀吉の巧みな交渉によって和睦してしまい、家康は孤立する。さらに翌年には、家康の懐刀、家老の石川数正までもが秀吉の許に出奔《しゅっぽん》してしまう。

この二つの事件で、秀吉の謀略の手腕をまざまざと見せつけられた家康は、一転、秀吉へ服従する道を選んだ。

のちに家康は、関ヶ原の戦いで小早川秀秋を自陣に寝返らせ、さらに宇喜多秀家のお家騒動に介入して、宇喜多家を切り崩している。

秀吉が十八番《おはこ》とした技を、家康はしっかりと盗んでいたのだ。

しかし家康は、秀吉から学んだ才を、秀吉の生前に披露することはなかった。**秀吉は才覚を誇示する人間に警戒心を抱き、先々、敵になりそうな人間は早めに芽を摘み取っていたからである。**

秀吉の目が黒いうちは、家康は律儀で篤実な重臣でいることに徹し、秀吉が死ぬや、関ヶ原、大坂冬・夏の陣と、徐々にだが、確実に豊臣家の勢力を削《そ》いでいった。

家康は、**上司の性格を見極め、巧みに接し方を変えて**戦国の世を生き残ったのだった。

伊東　潤

嫌いな相手からも学ぶべきを学ぶ。

戦国時代を舞台にした小説を数多く手がけている作家の伊東潤。専業作家になってから四年で、主要文学賞を六つも獲得し、今、最も注目される歴史・時代小説作家と言われている。

実は、大学卒業後、外資系ＩＴ企業に就職し、オフィス・コンピューターの販売を担当。売り上げ実績で全国二位になるなど、やり手営業マンとして活躍した。

二十年以上にわたったサラリーマン生活のなかで、伊東は日本人から外国人まで、様々なタイプの上司と付き合い、人間洞察力を磨いた。歴史だけでなく、ビジネスの世界もよく知る伊東は、徳川家康の上司との付き合い方を、どう読み解くのか?

知恵04

上司との付き合い方の黄金比「八対二」

上司というのは、とかく部下の仕事に口を出したがるものですが、とりわけ日本企業の上司は、その傾向が強い。その指示の中身がたいして重要でないことは、洋の東西を問いませんが、それでも聞かなければならないのが、サラリーマンの辛さです。

私の経験からすると、上司とのつきあい方としては、**服従と自己主張は「八対二」がベスト**だと思います。

ある案件を進めるなかで上司の指示を受けた場合、八割は上司の指示に従っておく。しかしここ一番と思う局面、上司の指示よりも有効な方法論やアイデアを、自分が持っている場合、あるいはどうしても譲れない自分のやり方を貫きたい場合でもいい。そういったときには自分の意見を押し通す。

上司とのつき合い方は「8：2の法則」でうまくいく

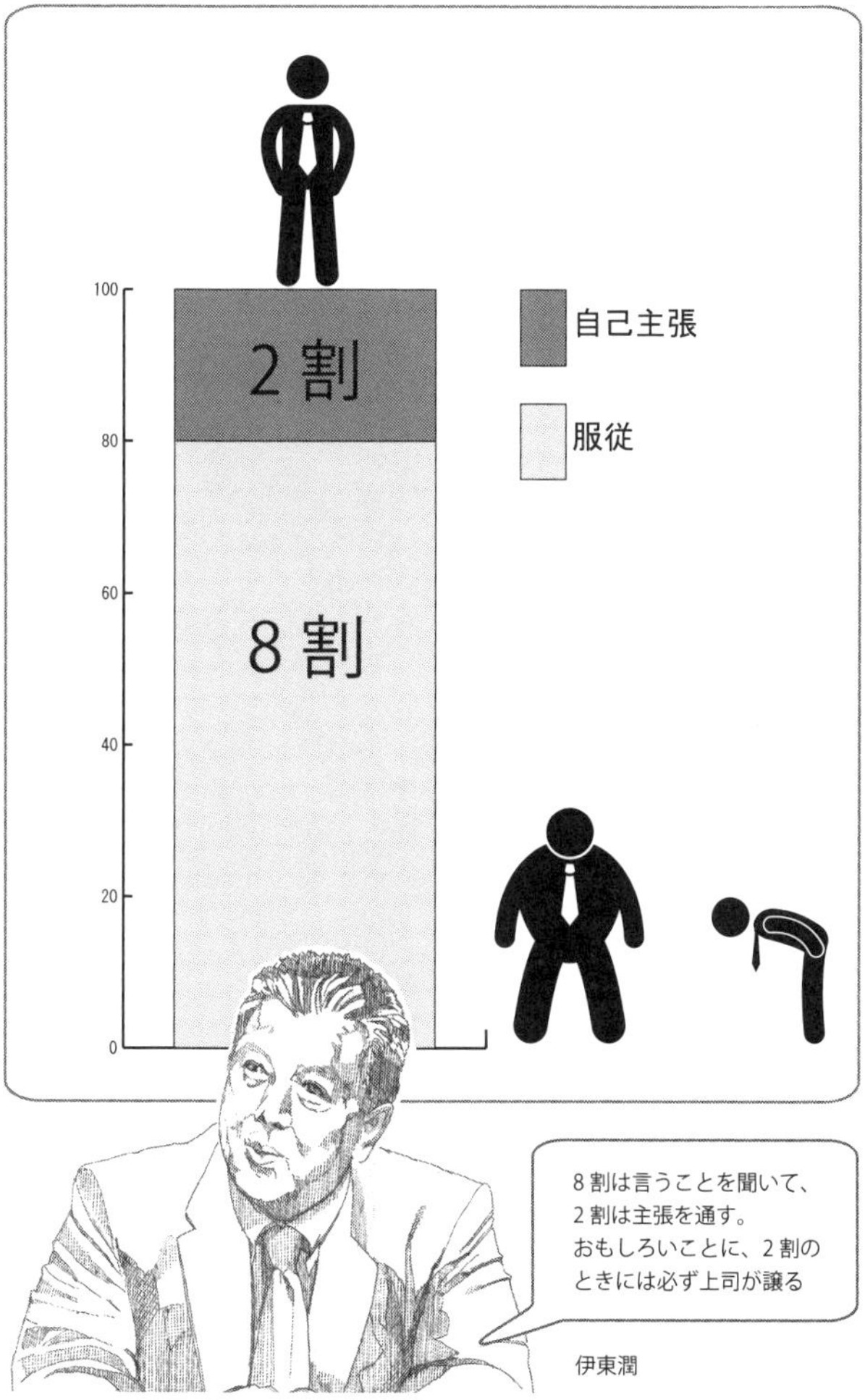

指示に従うケースと自己主張するケースの比は八対二、これがサラリーマンの上司とのつきあい方における黄金比です。

私の経験から言って、この八対二の法則を守っていれば、二割の自己主張に、上司はたいてい折れるものでした。

「八対二の理論」は家康と信長の二人にも当てはまります。

姉川の戦い、金ヶ崎の戦い、高天神城の戦いなどは、信長が主導権を握り、家康はそれに従っています。

だからこそ、存亡の危機に直面した長篠の戦いでは、実質的には臣下である家康が、主君である信長に対して「助けに来い」などと要求する。かなり強硬なカードを切ることができました。

信長と家康の関係性からすると、そんなことをすれば見捨てられる可能性もあった。当然、この策は家康一流の的確な状況分析に基づいてなされました。**感情に突き動かされていたら大火傷をしていた**でしょうね。

この時点で、信長には強力な敵が各地におり、織田軍単独でその敵対勢力を撃破できるほどの力はなかった。武田家の押さえとして、家康という同盟者を失うわけにはいかない。家康はそういう情勢が読めていたからこそ、ここぞというところで信長を動かすことができた。

家康は、**懐から短刀を抜く、ここ一番というタイミング**を心得ていたのです。

知恵05 四タイプ別、上司との付き合い方

私は、すべての上司は「信長型」「光秀型」「秀吉型」「家康型」の四つに分類できると思っています。

●信長型

迅速な決断と思いきりのいい行動を重視し、何事においても率先垂範《そっせんすいはん》、異常なまでの目標達成意欲と結果重視のカリスマ的リーダーこそ信長です。

この手の上司の下で働くなら、まず**迅速さ**を重視。仕事の質よりも、期日の何日か前までに仕事を終わらせると高い評価を得られます。

報告の際は必ず**結論**からしゃべること。また漫然と仕事を待つのではなく、自分から「この仕事をやりたい」という姿勢を見せておくと、仕事ができるように見られます。

自尊心が強く自信過剰な人も多いので、**メンツ**を立ててやることも必要です。「この案件は上司の××さんの×××というアドバイスによってとれた受注です」などとアピールすることも忘れない。

●秀吉型

奔放な発想のアイデアマンである半面、それを過大評価して「賢いのは自分だけ」と思い込み、周囲は脇役だと見下す傾向のある人、これを秀吉型としましょう。

秀吉型とのつきあい方のポイントは、第一に**聞き上手**になること。聞き役に徹し、「こいつは私の言っていることがよく分かっている」という印象を与えましょう。

秀吉型にとって、もっとも豊かなアイデアの呼び水となる時間は、他人と会話をしているとき。上手な聞き役を相手に、会話のキャッチボールをするなかで、自分で解決策を見つけてしまうようなところがあります。

上司の興味や関心を常にチェックし、聞き役に徹して上手にあいづちを打ちつつ、自分の意見もはさむと、評価はぐんと高まるでしょう。

上司のタイプは４タイプしかない

信長タイプ

決断力に富んだ行動派

- 迅速さを重視！ 話すときは結論を言ってから！
- 仕事は期日の数日前に上げるとポイント↑
- 自分から積極的に仕事をする。受け身はNG
- 自尊心が高い。メンツを重んじる

秀吉タイプ

自由奔放なアイデアマン

- 対話によってアイデアを引き出す
- 『聞き上手』が高ポイント。聞き役になって、アイデアのヒントをくれる部下が評価される
- 思いつきで気まぐれなので、その時の関心事を把握する

光秀タイプ

クールな現実主義者

- ロジカルな思考、言動が大好き
- 計画性を重視し、客観的な意見を好む

家康タイプ

組織貢献に喜びを見いだす協調型

- チームワークが何より大事
- 慎重で安定性のある意見を好む

●光秀型

何事にも**緻密な計画**を立て、**周到に準備**し、進捗や工程管理を大事にしながら仕事を進めるのが光秀型の上司。

このタイプに対しては常に**理詰め**で対すること。現実的で実現性の高いアイデアをロジカルに展開できれば、受け入れてくれる可能性が高い。そういう意味では、真面目で謹厳実直なイメージを植え付けると、評価も高まるでしょう。

●家康型

組織に貢献することに喜びを見出し、部下やチームに対しても協調性を求める上司が家康型です。おそらく日本の企業にもっとも多いのがこのタイプでしょう。

部下としてはスタンドプレーを控え、常に上司に対する**「ホウレンソウ」**を心がけ、新しいことをやるにしても前例から大きく逸れるようなことはしないのがこつですね。

知恵06 嫌いな上司からも学ぶ

私が三十代のときの上司で、ものすごいおべっか使いがいました。

普段は部下に対して口うるさいにもかかわらず、土日に会社のメンバーでゴルフに行くと、自分より立場が上の人に対しては必ず「ナイスショット!」。

そのタイミングがまた絶妙で、笑ってしまうほどでした。

初めは苦手だったんですが、ただ、少し冷静になってみると、この人はこの人なりに人間関係を円滑にしようとしている。その方策が変なだけで、それを無碍《むげ》に否定することはできないと思いいたりました。

しかしどう見てもスライスやテンプラ、ぼてぼてのショットに「ナイス!」とは言えなかった私は、ゴルフ場から帰る車の運転を、率先して引き受けることにしました。するると、次に会社に出勤したとき、「ゴルフ帰りの車の運転なんて、疲れて誰だってうんざりするものなのに、助かったよ」と言ってくれた人がいました。

人間関係を構築する方法は人それぞれですが、自分なりのやり方を見出すことが大切です。

たとえ**軽蔑している上司であっても、学べるところは学び、自分の糧にして**いかないと、長いサラリーマン生活、異動や転勤を待っているだけでは能がない。その時間を無駄で終わらせるか、学びの経験に変えるかは、あなた次第です。

知恵07

自分を知る

私がサラリーマン生活で一番大事だと思っていたのは、**己を知る**ということです。社会に出れば、嫌でも自分より優れた存在がいると知ることになります。

家康は、今川家に人質に出されていた幼少時から、今川家の名軍師・太原雪斎《たいげんせっさい》をはじめとして傑物に囲まれて生きてきた人です。

ときには、自分よりもはるかに優れた人間と渡り合っていかねばならないのは、戦国時代も現代のサラリーマンでも一緒。そのためにはまず、自分に何ができ、何ができないのかをしっかりと見極めておかなければなりません。

松平という弱小の家の出で、かつ政略のために人質に出されてきた家康は、子供の頃から自分の立場の危うさや凡庸さを肌で感じていたことでしょう。

現代の感覚からすると、それは子供の健全な成育環境としては最悪なものの一つでしょうが、時代が違うのだからそれを言ってもしょうがない。

大事なのは、人質時代に家康は、**小さく弱い自分が生きていくための知恵**を身につけられたことです。

信長と秀吉は天才型で、きわめて強固な「自分」というものを持ち、それを貫こうとした人ですが、家康の並外れたところは**「自分」にさしてこだわりを持っていない**ように見えるところです。優れた人物からその美点を吸収し、嫌いな相手からも学ぶべきを学ぶということができたのです。

信長や秀吉の生き様を見ても、私たちはおいそれと真似できないでしょう。しかし家康なら真似できる部分が多い。当然、私たちの処世術としても援用できるのです。私はサラリーマンが生きるうえで、一番参考になる武将こそ家康だと思います。

第14章

西郷隆盛 × 田中健一

「私心」に惑わないようにする〈こじれた人間関係解消法〉

（元東レインターナショナル社長・元蝶理社長）

西郷隆盛

私利・私欲を捨てて、人を助けることが、己を救う。

幕末、黒船来航をはじめ、この国のあり方が大きく揺れた時代。

薩摩藩の下級役人、二十七歳だった西郷隆盛は、名君と名高い薩摩藩主・島津斉彬《なりあきら》によって抜擢され、側近としてエリートコースを歩みはじめていた。しかし斉彬の急死により、新たに藩の実権を握ったのはその異母弟・久光。すぐに順応できた大久保利通とは異なり、西郷はいつまでも久光に馴染めなかった。

久光が、中央の政治改革に乗り出そうとした際には、西郷は思わず「ある本音」をぽろり。久光を激怒させる。衝突が重なり、ついに「一生涯の島流し」の流罪に処されてしまう。

だが西郷は、その一年半後、久光の怒りをはね返し、再び薩摩本土の土を踏む。人間関係によって左遷され、人間関係によって見事に藩政に復活を遂げた、西郷の知恵とは?

知恵01

自分が苦しいときこそ、他人を助ける

文久二年（一八六二）、島津久光は、「公武合体」によって幕政を改革すべく京に上る。

事前にこの計画について聞いた西郷は、久光がいま上京すれば都は大混乱になると反対していた。頑なに主張を崩そうとしない久光を前に、西郷は**「恐れながら上様は田舎者でいらっしゃるので……」**とポロリと本音をもらし、久光を凍りつかせた。

折しも京では、尊王攘夷派が、倒幕の首領として久光を担ぎ上げようと気勢をあげていた。久光の命により先遣隊として下関に逗留していた西郷は、緊迫したこの情勢を察知、尊王派の説得を試みるべく、久光の命を破って京へ向かう。

よかれと思って動いたこの判断が仇となり、久光は西郷を左遷することを決める。

このとき久光が国の家老に宛てた手紙には、**「一生涯帰さない流罪に処した」**とあり、久光の怒りのほどがうかがい知れる。

こうして西郷は、鹿児島市からおよそ五五〇キロメートル、江戸時代より薩摩藩の流刑地として最も重い罪を犯した者が送られる沖永良部島《おきのえらぶじま》に流された。

わずか七平方メートル、屋外に作られた吹きさらしの牢は、日中、灼熱地獄となる。冷や飯と焼き塩だけの粗末な食事に、西郷はげっそりとやせ細ったという。

このときの西郷、一篇の漢詩に思いを綴る。

「朝《あした》には恩遇をこうむり　夕《ゆうべ》には焚坑《ふんこう》せらる」

藩主の側近として取り立てられながら、今や急転直下、流罪の身。この詩にはそんな西郷の嘆きが綴られている。

●獄中でなされた社会貢献とは？

西郷は日に日に衰弱していった。牢の番人・土持政照《つちもちまさてる》は、かつては藩主の庭方役（秘書）にまで取り立てられた西郷が、やせ衰えて生きているのがやっとという状態なのにもかかわらず、**牢屋番の自分にまで律儀な態度で接してくる**人柄に惹かれていく。

そして土持は、上役の黙認を得て、西郷を雨風のしのげる座敷牢へ移し、自費で西郷の待遇を改善してやるのである。西郷の誠実さが周囲の人々を動かし、その再起の序章が始まっていく。

少しずつ体力を回復し、島民と接触が許されるようになった西郷は、「牢屋塾」と

鹿児島から沖永良部島までは、空路でも約１時間10分かかるほど遠い場所である。西郷が入れられていた牢屋は、昭和59年（1984）に復元された。地元の郷土研究家には、ここに坂本龍馬が訪ねてきたと信じる人がいるという。

いう私塾を開き、**二十人以上の子どもを集め、牢の格子ごしに論語や孟子の講義**を行った。

空いた時間には島の大人たちと政治談議を交わし、ときには牢を出ることを許され、島の人と相撲に興じた。自身の待遇改善に尽力してくれた土持とは、義兄弟の契りを結んだ逸話が残されているほど意気投合したようだ。

このときの西郷と島の人との深い交流を示すエピソードがもう一つある。

牢屋塾の教え子、担勁《たんけい》少年に宛てて「四、五日間、塾を休むので、みなに伝えてほしい」と頼む手紙。そこには丁寧に「担勁様」とある。**十六歳の生徒とて子供扱いせず、一人の人間として対等に遇している。**西郷の誠実な人柄はこういうところからもうかがえる。

さらに西郷は、島の人たちのためにこんな働きもした。

薩摩本土から遠く離れた沖永良部島は、台風や干ばつに見舞われると物資の補給が難しく、たびたび食糧難に陥っていた。「社倉趣意書」と題した西郷の文書は、豊作の年に米を備蓄し、食糧不足の際に払い出す協同組合の設立を提言している。

沖永良部島で明治三年（一八七〇）に始まった備蓄米制度は、この西郷の提言がもとになり作られた。

知恵02

外部との連絡を閉ざさない

文久二年、大名行列の前を横切ったイギリス人を薩摩藩士が斬り殺す「生麦事件」が起き、翌年その報復として、イギリス艦隊が薩摩に襲来する。薩英戦争の勃発である。故郷の窮地に何もできない西郷の胸中はいかばかりだったろう。

この頃、西郷は島民のために尽くす一方、大久保利通ら本土の友人たちと頻繁に手紙のやり取りを続けていた。

また沖永良部島周辺には、定期的に薩摩藩の役人が派遣され、西郷は彼らからも藩を取り巻く政治状況について情報を入手していた。

西郷は獄中からイギリス艦隊と薩摩の動向を探る。熱意におされた役人たちも、密かに西郷に情報を寄せた。復帰の望みのないなか、西郷は片時も諦めず人間関係をつなぎ、外地の情報を得ることを怠らなかった。

知恵03

第三者の推挙が最強のバックアップ

西郷の赦免は、元治元年（一八六四）になされた。

強大な力を持つ外国の脅威は、すでに目前に迫り、攘夷か開国か、倒幕か佐幕か、薩摩はおろか日本という国そのものが揺れている時代である。一人でも多く優秀な人材が求められた。

大久保たちを中心に巻き起こった「西郷赦免運動」は、やがて藩全体に拡がり、久光は西郷を本土に召還することをしぶしぶ了承したのだった。このとき、悔しさのあまり**歯形がつくほど銀のキセルを噛み締めた**という逸話が残っている。

西郷の復活を望んだのは本土の人間に限らなかった。誠実で温かい人柄と、自身の窮地にあってなお島の暮らしのために働いた西郷を知る役人たちが、任期を終えて本土に戻ると西郷復活のために運動したのだ。

西郷は流刑の間、久光に**謝罪の手紙も、恩赦の嘆願も出さなかった**。ただひたむきに**まわりの人間のために働いた**だけだ。

こうして再び薩摩の地を踏んだ西郷は、やがて藩政の枠を超え、薩長同盟、大政奉還、戊辰戦争、明治新政府の樹立と、幕末の激動の中心へ身を投じていくのだった。

田中健一

人生、短期決戦ではない。

繊維会社・東レインターナショナルや、商社・蝶理の社長を歴任してきた田中健一。その人生は波乱の連続だった。三十代でマレーシアの工場に突然の左遷。その後も子会社や関連企業へ出向。しかし、その度に手腕を磨き、六十三歳のとき、負債一千億円の会社を任され、たった一年で完済、優良会社に変身させた。

明治維新の立役者でありながら、上司との人間関係に悩んだ西郷隆盛の知恵を、田中はいかに読み解くのか?

知恵04

上司は、第三者からの評価に動かされる場合がある

「上様は田舎者でいらっしゃるから……」

上司に対して私も似たようなことを言っていたかもしれませんね。私のサラリーマン生活四十年の半分は左遷先でのことでしたから。

私が初めて出向させられたのは昭和五十一年（一九七六）、入社十四年目のことでした。ニューヨーク駐在員を四年勤め上げ、いよいよこれから本社勤務と燃えていた矢先、上司いわく**「左遷してやった」**と出向を命じられました。

マレーシアの西方、ペナン島にある合弁会社の繊維工場、東レの子会社のさらに出資先。三十六歳のときでした。

私が行く直前、その工場では反日運動が起こっていて、前任者が逃げ出してしまった。そのポジションに私が送り込まれたのです。部下もいなければ仕事もない。雨期だったので毎日雨がザーザー降って、本当に気が滅入る。

だけどここでくじけたら、私を飛ばした上司の勝ち、私の負けです。一生ここにい

赴任先のマレーシア・ペナン島の繊維工場の頃の一枚。この島で一生暮らしてもいいと思うと、見える風景も変わってきた。（写真／本人提供）

てもいい。**ここを新天地にしてやろう**と思いとどまりました。

●工場の余り布を再活用して利益を出した

西郷の復帰が周囲の尽力でなされたように、私も人に助けられて本社に復帰することができたのですが、その出会いは偶然から始まりました。

私の子供が通う幼稚園で仲良くなった中国人の子のお父さんが、私の工場のオーナーだったのです。話してみると家も近くて、そのうち彼の車に乗せてもらって出勤して、帰りも一緒に帰ってくる関係になりました。

行き帰りの車中で、何の気はなしにそのオーナーが、「今、うちの工場ではこんな問題を抱えているんだ」と話すので、私もそれらについて気軽に解決策を提案していたんですよ。**テーマをもらって一つ一つ答えていった。**

その一つに、工場で出た切れはしが勝手に持ち出されて、売られているという問題がありました。

輸出専門の工場だから製品が国内に流通することはないはずなのに、その工場で織った布が、作った覚えのないシャツに加工されて、それを着ている人が町中にたくさんいる。プリントされた絵柄で分かるわけです。「あれ？ うちの布だ」と。

繊維工場の一角には、製造過程で出た切れはしがうずたかく積まれていて、その布地を工員が勝手に持ち出しては、ひそかに売りさばいていたんですね。

だから私は、人を雇って切れはしを種類別に選別し、整理して入出庫を管理するよう仕組みを作った。町の織物商を呼んでその切れはしを入札にかけたら、ちゃんと売れたんですよ。これで一定の利益が出た。

オーナーはこの一件で「なかなかやるな」と思ったらしく、やがて大きな購買などを含む重要案件を、私に任せてくれるようになった。中国人は人のブランドではなく具体的な実績で評価するのです。

そして彼が、本社に**「おたくから何十人も人が来たけど、タナカは本当にいいね」**と感想をもらしたことが効いたみたいで、私の評定が見直され、本社の要職にひっぱられました。

私が自分で「これだけ業務を改善しました」と書いても、**左遷された人間の報告なんて額面通り読んではもらえない**。だけど第三者の評価だったからこそ、説得力があったんでしょう。

私を本社へ戻してくれた人というのは、なんと、私を左遷した上司その人です。ペナンでくたばるかと思われていた私が実績をあげて、こう言ってもらえましたよ。

上司は、第三者からの評価に動かされる場合がある

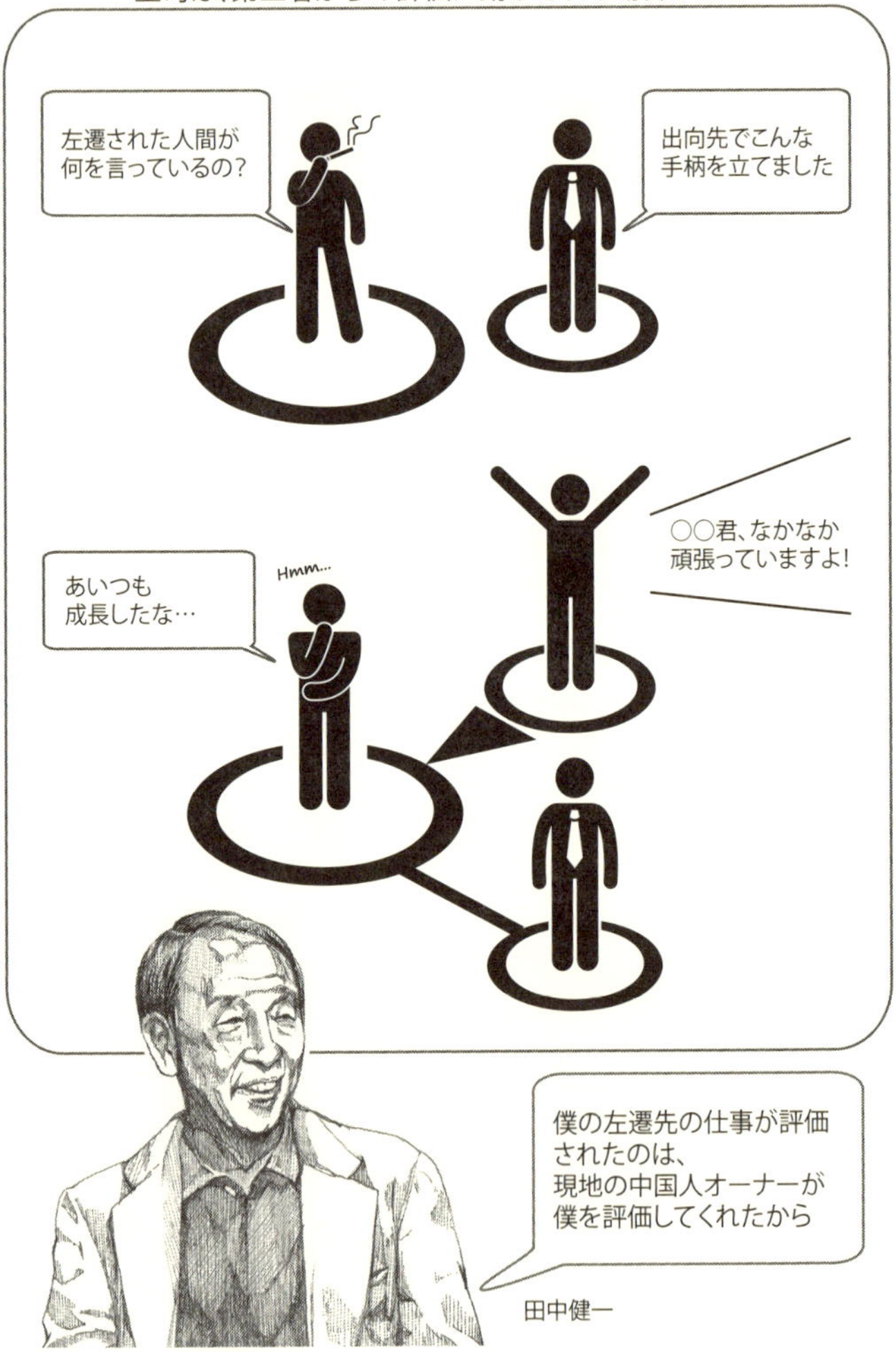

「中国人の信頼をかちえたか。おまえも本物になったな」

思うに左遷をチャンスにするか、本当に左遷で終わらせてしまうかは、結局のところ自分の覚悟次第。スキルや人脈、実績でも自信でもいい、そこで何かをつかめたら、左遷はその瞬間に左遷ではなくなります。

知恵05
辛い経験や上司の教えは、二十年後には財産に変わる

ペナン島に行くとき、自分を磨こうとか成長しようなんていう気はありませんでした。本はたくさん持ち込みましたが、結局、一冊も読まずに現地に寄贈してしまったくらい。

けれど今になって、このときの経験で、残り後半の人生の飯が食べられているなと思います。

大きな会社に所属し、強い商品を持っているから勝手にものは売れていく。私はどこかで、それを自分の実力と勘違いしていた。ペナン出向でその過ちに気づくことができました。

一人で外国へ放り出されて、**会社の看板も頼りにならず、自分の力で人間関係を作りビジネスを軌道に乗せなければならない。**この経験で、何というか、度胸がつきました。本当の自信や実力は、辛い経験を克服しないと身につかない。

仕事のやり方も同じです。

新入社員だった頃に私を指導してくれた上司は、よく仕事ができる人でしたが本当に厳しくて叱られてばかり。酒癖も悪くてね（笑）。私はいつも「この人さえいなければ会社はもっと楽しいところになるのにな」と思っていました。でも気がついてみると、**今の私の仕事の流儀はこの人にそっくり、彼が基礎を作ってくれたんです。**

優しくて無能な上司と、厳しくて有能な上司だったら断然、後者のほうが自分のためになる、そのことは改めてお伝えしたいですね。

知恵06 「私利・私欲」を捨てる

その後、私は東レの出資先である「蝶理」という会社の立て直しを任されました。**一千億円の負債を抱え、三十年間赤字の会社の借金を、一年間で五分の二まで圧縮せよ**という、無茶な命令でした。

それが実現できなければ会社が潰れるという最後の最後の段階で、私が送り込まれたのです。

当時、蝶理の大株主は東レと旭化成。二社にはそれぞれカリスマ会長がいました。まず私は、その二人に「私に蝶理を預けてください」と頼んで、「やってみろ」という言質をとりました。

経営再建を本当に実現するには、大鉈《おおなた》を振るわねばなりませんでした。その際に、後ろから弾が飛んできたらたまりませんもの。

そのときに「人員を百人連れていけ」と言われました。私は逆に何十人も蝶理に出向していた人達を、すべて引き上げてもらいました。助っ人が行ってその会社を立て直しても、戻ってしまったら元通りになるような改革では意味がない、その会社の人達が変わる意志を持ち、自分たちの手で変えていかなければ、本当の企業再生にはなりません。

こうして私は一人で蝶理に行きました。

スタッフ二百人を削減、子会社二十社を閉鎖。やるべきことは必死でやりました。けれど、こういった施策を打つと、これまでその会社で一生懸命まじめにやってきた人ほど抵抗するんですね。

気持ちは分かりますし、その人たちを憎いと思ってやるわけではありませんが、会社がうまくいってないということは、やり方が時流に合っていないということで、変えざるを得ないのですよ。

実は私は、蝶理には**無給**で出向しました。あとからもらうことにはなったんですが、当初は無給。そうでないと、改革はできないと思いました。

最初に手をつけたのは給与体系の見直し。要は賃金カットですが、当然労働組合から強固な抵抗にあいます。もし自分の高給は確保したまま部下にだけ賃下げを強要したら誰も納得しないでしょう。

こっちが無給だから**「これだけあれば生活はできる、再建のために、ここまで我慢してくれ」**と言えたし、そこに迫力も出たのかもしれません。

私心を捨てると、スーッと正しい答え、やるべき事が見えてくるのですよ。

西郷さんの最大の業績は「廃藩置県」ですが、仮に彼が「こんなことをしたら上司の島津公は怒るだろうな、そしたら俺は損するな」と私心を出していたら絶対できなかったことです。

知恵07
上司には、部下を不幸せにする権利はない

私はメーカー出身ですから、やはり労働生産性を重視します。

当時、蝶理は同じ額の利益を稼ぐのに、同業他社より多くの人員を擁していました。コストがかさんでいるわけです。であれば売上げをキープしたまま人員は減らさなければならない。

外から出向してきた私は、ドライにリストラを進めましたが、とはいえアメリカの企業風土のように肩たたき一つで「明日からこなくて結構です」というわけにはいかない。取引先の工場やメーカーへかけあって**「社長さん、こんな人がいるのですが、おたくで雇っていただけませんか」**と、再就職先を確保しなければならなかった。

そうして辞めてもらった人のなかには私を恨んでいる人もいるでしょうね。だけどそのことは深く考えないようにしています。「こうしたら人気が出るだろう」「これをしたら恨まれる」、それが私心です。会社を再建するという大きな目標を前にして、私心に惑っていたらリーダーは務まらない。

でも、ならずに済むなら会社の社長なんてなるものじゃないですよ。リーダーにな

るというのは本当に大変なことです。リーダーは、部下を幸せにする義務だけあって、不幸せにする権利はないのですから。

私がリストラして辞めていただいた人に、お酒に誘ってもらえるようになりました。「あなたに辞めさせられたときは不満でしたが、新しい会社で成功することができて感謝している」と言ってくれる人が相当数いて、その人たちが今でも私を飲みに誘ってくれる。そのたびに、企業再建を請け負った者として冥利に尽きますね。

ビジネスは、短期決戦です。決められた期間内に、決められた成果を出さないといけない。

しかし**人生は短期決戦ではありません。**私は、リーダーとして背負わないといけない辛さも体験しましたが、かつての仲間と一緒に飲めるのは人生の財産です。

ある判断が吉と出るか凶と出るか、それは人生が終わるまで分からない。人間の浅知恵では分かりませんね。

第15章

志さえあれば、人は何歳からでも成長できる〈ミドルからの挑戦〉

伊能忠敬 × 佐々木常夫

(元東レ経営研究所社長)

伊能忠敬

日本全地図という仕事は、自分の天命である。

歩数にして四千万歩、ほぼ地球一周分。この想像を絶する距離を踏破して、日本地図を作りあげた伊能忠敬が最初の一歩を踏み出したのは、五十六歳のときだった。完成した日本列島図は、今日の衛星写真と比べても、ほとんど差がない。

これほど精密な地図製作を、江戸時代の測量技術で成し遂げた忠敬も、四十九歳までは敏腕の実業家だった。十八歳で婿入りし、造り酒屋を営む「伊能家」を、運送業や店《テナント》貸し、金融業まで扱う総合商社に育て上げた。かたむきかけていた伊能家の資産を、現在の資産価値で二億円から四十五億円にまで増やしたという。

だが五十歳にしてすべての仕事を息子に譲ると、忠敬は子供の頃からの夢をかなえるべく、単身江戸に出る。日本地図作成のための測量行、その最初の一歩を踏み出したとき、忠敬は五十六歳。「折り返し地点」もとうに過ぎて始められたこの挑戦。忠敬はいかにして、この難事業を成し遂げたのか？

知恵01 ひたむきに打ち込めば理解は得られる

忠敬の子供の頃の夢は、天文学者になることだった。親の言いつけで婿養子となった忠敬の胸には、やむをえず断たれた夢が、いつの日も消えることなくあったのだろう。

寛政六年（一七九四）、五十歳の忠敬は、家族に突然の隠居を告げると家督を息子に譲った。

ふるさと千葉を一人離れて江戸に出た忠敬は、寛政七年（一七九五）、幕府の研究機関である天文方《てんもんがた》トップを務めていた高橋至時《よしとき》に入門する。

士族の子弟が集まる学び舎にあって、すでに壮年の忠敬は「浮いた」だろう。師である至時にしても、自分より十九歳年長の「弟子」は、扱いに困ったかもしれない。だが周囲の困惑をよそに、忠敬はひたむきに学問に打ち込む。天体観測のために自宅に観測所まで設置し、難解な専門書を根気よく読みこんでいく忠敬を、いつしか師・

至時は親しみを込めて「推歩《すいほ》先生」（星の動きを計算する先生）と呼ぶようになる。

最先端の天文学と観測技術を身につけた忠敬は、やがてこう思う。

「地球の大きさを正確に知りたい」

忠敬は次のような方法で、それを算出しようと試みた。

北極星は地球の真北にあり位置は変わらない。これを基準とし、離れた二つの地点から北極星を見上げたときの角度を計測。それぞれの角度と二点間の距離をもとに計算していくと地球一周の長さが割り出せる。

しかしこの時代、様々な藩の領地を勝手に横断することは許されない。

忠敬は、江戸から蝦夷《えぞ》地までの地図をつくるという名目で、幕府に各地の通行の許可を願い出る。

これは幕府にとっても願ってもない話だった。その頃、蝦夷地にロシア船が開国を求めて相次いで訪れ、蝦夷地の地図作成はさしせまった課題だったからだ。

こうして日本全図、「大日本沿海輿地全図《だいにほんえんかいよちぜんず》」作成という前代未聞の国家事業に、忠敬は身を投じることになる。

寛政十二年（一八〇〇）、五十六歳の忠敬が、五人の同行者とともに日本全図のための最初の測量に出た。

伊能忠敬の測量開始200周年を記念して東京都江東区の富岡八幡宮大鳥居わきに完成した銅像。忠敬は、現在の江東区門前仲町１丁目付近に住み、測量旅行に出る際には近くの富岡八幡宮に参拝したという。

知恵
02

家族の理解が挑戦を支える

長期の測量行を繰り返す忠敬の身を、残された家族はいつも案じていた。

長男・景敬《かげたか》が、九州を測量していた忠敬に宛てた手紙にはこうある。

「お父様はもうお歳ですから、どうか体を第一に。日頃から薬も飲んで用心してください」

しかし、**日本全図作成という仕事を「天命」と定め**、忠敬は過酷な旅を続ける。

長男・景敬が、病気を患い亡くなったのは文化十年（一八一三）だった。

長女・イネは測量に懸ける忠敬の気持ちを汲んで、その死を伏せ、「大病だ」とだけ告げる。しかし天文方からの手紙で忠敬は息子の死を知った。

息子を看取れなかった忠敬は悩む。

「天命とはいえ家族を犠牲にしてもいいのだろうか」

忠敬は家庭に恵まれていたとはいえない。三人の妻と死別しており、この景敬の例もある。

この頃から忠敬は一人で家を取り仕切る長女・イネを心配し、激務の合間をぬって

平成13（2001）年、米国ワシントンの議会図書館から、伊能大図の写本が204枚発見された。正本は、明治6（1873）年の皇居火災で焼失して現存しない。なぜこの写本が米国に渡った経緯は判明していない。（2003年10月撮影）

手紙を欠かさず書くようになる。その数二百通近く。

九州島原から出された忠敬のある手紙。

「歯はほとんど抜け落ち、奈良漬けも食べられなくなってしまった」

イネは栄養がつくよう卵六十五個を送り、さらに歯を失った忠敬のために歯の薬や柔らかい蕎麦を送っている。

齢五十を過ぎて過酷な測量に打ち込む忠敬の偉業は、こうした家族の支援と理解に支えられていた。

「卵のおかげで咳が減った」

忠敬の家族への感謝の気持ちをしたためたイネ宛ての手紙もまた、残されている。

知恵03 技術は惜しまず伝授する

景敬の死と同じ文化十年、忠敬を支えてきた測量隊の副隊長、坂部貞兵衛もまた病に倒れ、四十三歳で亡くなった。忠敬は彼の死を「鳥が翼を落としたも同然」と嘆く。

このとき忠敬六十九歳。日夜続く測量に自分もいつ倒れるか分からない。

しかし日本全図を完成させるには、まだ蝦夷地西岸の測量が残っている。

その測量に名乗りを挙げたのが、忠敬が初めての蝦夷地測量行で出会い、以来目をかけていた**間宮林蔵**だった。

すでに樺太《からふと》探査を成し遂げ、測量の知識はあった間宮だが、**忠敬から天測による緯度の観測法を教えられ、これにより測量の精度をあげた**という。

間宮は蝦夷地を五年かけて測量し、忠敬の死の前年にその記録を忠敬のもとへ届けた。

忠敬は、全国の測量データを編集作業中、志半ばの七十四歳で世を去ったが、大日本沿海輿地全図の蝦夷地の部分は、間宮の測量図を合体して完成された。

忠敬は測量行中、幕府から給与を受けていたが、過酷な労働条件を加味すれば、ほとんどボランティアに等しい。忠敬を突き動かしたのは後世のためにこの国の地図を残すという「天命」だった。

忠敬の地図は、その後百年以上にわたって、激動の近代化の途を進む日本を支えたのである。

佐々木常夫

良い習慣を持っていれば、
毎日確実に成長して、
才能ある人を抜いていく。

経営コンサルタントの佐々木常夫は、独自の経営観を持ち、五十歳を過ぎてからも、会社の立て直しなど、様々な事業を成功させてきた。一方で、家庭では、妻や息子の病気や障害に悩まされ、幾度となく窮地に立たされてきた。佐々木は、過酷な経験を乗り越えて、家庭と仕事を両立させるワークライフバランスを確立する。五十歳を過ぎても挑戦をつづける佐々木は、伊能忠敬の知恵をどのように読み解くのか?

知恵
04

習慣は才能を超える

私の一番上の子は、自閉症という障害を持って生まれてきました。

妻が肝臓病を患って三年ほど入院したときには、毎日五時半に起きて子供たちの朝食と弁当を用意し、子供に何かあれば、仕事を抜けるか、早めに切り上げて学校へ飛んでいかなければなりません。

部下より一時間早く出社し、一直線に仕事をこなして、子供の送り迎えや夕食の支度のため十八時には会社を出なくてはならない。社を出ていつもの電車に乗って、駅の出口で子供三人と落ち合って家路につく。その日の学校での話を聞きながら、子供にも手伝ってもらって夕食の支度をする毎日。とにかく忙しかったですが、私は家族とのコミュニケーションを何よりも大事にしていました。

こういった経験から、私は**ワークライフバランス**を考えるようになったのです。どんな仕事をするにしても、しっかりとタイムマネジメントをして、できるだけ効率的に進める。何かを始める前にはきちんと計画を立て、目の前に積まれた仕事にはプライオリティをつけてかかる。夜遅くまでだらだら残業をしても疲れるし頭も働きません。健康にも悪い。

こういったことを意識的に習慣づけていけば、必ず仕事の効率は上がるし、その分空いた時間をプライベートな活動にまわすこともできる。しなやかに時間を使うことができるようになるんですよ。

よい習慣というのは才能を超えるものです。能力がない人でも、**よい習慣を持っていれば、毎日確実に成長して、才能ある人を抜いていく**。

習慣づけるまでが少し大変かもしれませんが、完全に習慣になってしまえば苦になりません。だって習慣ですから。

●自分がいなくなっても残るシステムを作る

私が担当した課や部はタイムマネジメントを導入して、だいたい二、三カ月で残業がほとんどなくなります。ところがサラリーマンの悲しいところで、私が異動したり転勤したりすると、あっという間に元の木阿弥です。

結局、会社というのは、よほどのことがないと変われない。

組織が変わるためには、一つにはトップがよほどの決意を以て改革に挑むか、もう一つは**「仕掛け」**をつくること。

二〇〇八年、第二回の「ワーク・ライフ・バランス大賞」をとったパナソニック電工の「シゴトダイエット」という仕組みなどは面白いですよ。仕事ダイエット室という総合企画室のような部署を作って、各部に仕事ダイエット駐在員を置く。

トップダウンで人員を増やして各員の負担を減らすという発想ではなく、元々各部

シゴトダイエット活動の概要

資料提供：パナソニック株式会社 エコソリューションズ社

取り組み背景

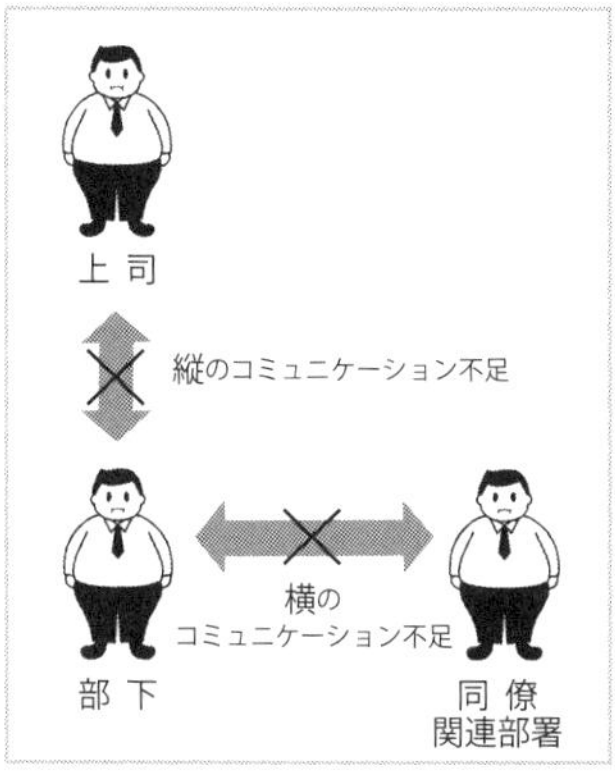

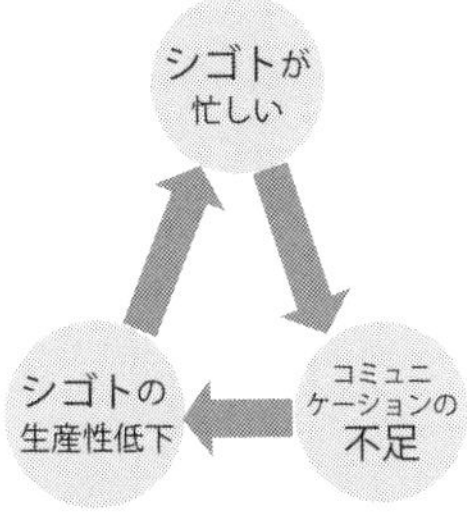

～ シゴトメタボの連鎖 ～

ありたい姿

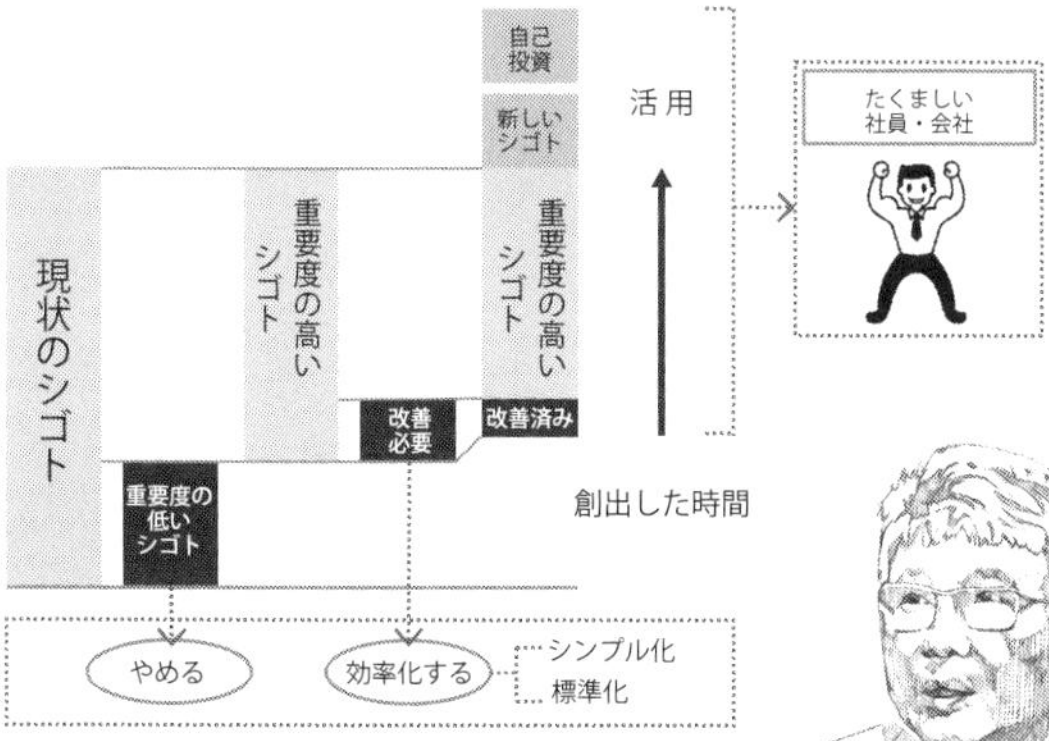

にいた人を仕事ダイエット要員として指名して、配置する。そうやってボトムアップで意識を高め、全社的に仕事ダイエットを実行していったそうです。

知恵05 手紙だから伝えられること

私が理想とするリーダーは、太平洋戦争の激戦地となった硫黄島で守備隊総指揮官をした栗林忠道中将です。梯《かけはし》久美子さんの『散るぞ悲しき』（新潮文庫）でも知られるようになりましたね。

この栗林中将は硫黄島にいる間、家族に四十一通の手紙を書いています。最初にまず自分は元気ですよ、ということを書いて家族を安心させる。それから家族へのきめ細かい愛情がこもった言葉がつづく。この愛情があるから家族からも愛され、そして部下からも信頼されたのでしょうね。

私も単身赴任中などは特にこまめに家族に手紙を書きました。口に出すのは照れるけど、書き言葉でなら伝えられる気持ちというのは確かにありますね。手紙というのはときに大きな力を持つものです。

●娘への真夜中の手紙とは？

娘が二十歳の頃、自殺未遂を起こしました。その前から少しふさぎこんで、精神科に一カ月ほど通院していたのですが、ある日、娘が「死ぬ」と言って家を飛び出したと、次男から電話がありました。娘のアパートへ駆けつけて、それから探しに探しましたが見つからない。

警察からの電話を受けて、娘が収容された病院に着いたのは夜中の一時か二時でした。一命をとりとめた娘はそのときすでに、深く寝ついていました。

無理に起こすのは忍びない。だけど自殺未遂を起こすまでに追いつめられていた娘に、親として、どうして言葉をかけないでいられましょうか。そのとき、私はどうしても外せない用事を抱え、翌朝には必ず会社に行かなければならなかったのです。

二時半、真夜中の静まりかえった病院の一室で、私は娘に宛てて手紙を書きました。

「お父さんが今まで生きてきたなかで、もっとも愛しているのはあなたです」

その後、娘は精神科の通院が必要なくなるまでに回復しました。

後で聞くと、この手紙を読んでから治っていったそうです。

メール全盛の時代ですが、私は今でも家族に対しては、すべて手書き。何か大事なことを伝えたいときに、手紙を書くようにしています。

知恵 06

年下だって、「先生」

四十代というのはビジネスマンが自分を磨く時期です。

二十代、三十代は未熟な分、吸収のスピードは早いのですが、よほどの人でない限り知識も経験も足りず、まだまだムダもミスも多いもの。そこで悪戦苦闘して学ぶからこそ、四十代は回り道をせずに確実に仕事を進められるようになる。余裕ができたこの四十代だからこそ、さらに完全を目指して弱みを克服すべく自分を磨く。

そうして培った知識や経験に社会的な地位が加えられ、**大きな仕事として花開くのが五十代**、そしてその後の人生でしょう。

私は葛飾北斎が好きですが、北斎が長く逗留していた長野県の小布施《おぶせ》のあるお寺に、北斎が描いた天井画が今も残っているんです。

北斎の代表的な作品というのは七十歳を過ぎてから描かれたものが多くて、このお寺の絵も八十代の作品ですが、すばらしい絵です。

志さえあれば、人は何歳からでも成長することができる。

忠敬も、十九歳年下の高橋至時に頭を下げて教えを乞うていますね。

たとえ後輩であっても、優れているところがあるなら、その人から謙虚に学びたい。そう思って私は、三十歳を過ぎてから誰に対しても「さん」づけで呼ぶようにしました。やはり「○○君」と呼ぶと居丈高に聞こえますから。

自分より年長者から学ぶだけなら、人は歳をとればとるほど「先生」が少なくなってしまう。それはあまりにもったいない。

誰からも学ぼうという気があれば、先生の数も、学べる知恵も格段に増えます。

知恵07

強い組織は「個々人の強みの集大成」

どんな人にも強みと弱点はあって、だからこそ一人でやれることには限界があります。だけどチームだったら、Aさんの弱みはBさんがカバーし、Bさんの苦手分野を代わりにCさんが担うというように、それぞれが自分の得意分野に全力投球できる態勢が作れる。

リーダーの仕事は、**部下が最も得意とするところを見抜いて開花させ**、それぞれ**最適なポジションに配し**、最強の布陣を敷くことです。理想的な組織というのはほぼ例外なく**「個々人の強みの集大成」**になっています。

そういう組織にいれば、部下もまた成長を実感し、組織全体のモチベーションがさらに上がっていくでしょう。

とはいえ、組織というのは優秀な人ばかりではありません。気のきかない人もいれば、よく気がつく人もいて、十人十色は当たり前。

組織を強くするためのもう一つの戦略は、組織全体の「和」、足し算で考えるということ。メンバーの力を合計して総合力を上げるということです。

全体の三割しかいない優秀な人間をフル活用しても、組織の発展はあまり見込めません。**八十点取れる人が九十点をとったところで、伸び率は高くない**でしょう。だけど、全体の半分くらいを占めるあまり業績のよくない人たちを伸ばすことができたら？　この人たちの伸びしろと、社員全体に占める割合を考えてみてください。会社全体の和で見たら、優秀な人を伸ばすよりも大きな発展が期待できます。

そのために、そこに属する個人のモチベーションをいかに上げていくか。コミュニケーションと信頼関係、この二つが鍵です。

私は、東レの課長時代、部下との面談を春と秋の二回、行っていました。

一人あたりに二時間かけ、最初の一時間はプライベートなこと、あとの一時間は業務に関すること。

「お父さん、お母さんは元気か」「家族はどうしている？」

今では、やり過ぎと思われるくらい踏み込んだ事柄まで話し合いました。

私は自分の部下を家族だと思っていますし、部下もそれを理解していたから、プライベートな話も包み隠さず打ち明けてくれました。私が絶対に秘密を漏らさないと信用されてもいましたしね。

「個人情報」「ハラスメント」「コンプライアンス」……。そんな言葉がかまびすしく言われる現代ですが、密なコミュニケーションから生まれる信頼関係を、リーダーは見直すべきではないでしょうか。

知恵08 自分以外の何かのために働く

アメリカの心理学者・マズローの、有名な「欲求段階説」というのがありますね。人間の欲求を五段階に分け、一段目は生理的欲求、二段目は安全の欲求、三段目は社会的欲求。ここまでが「外的に満たされたい」という思いから出てくる欲求で、四段目の尊厳欲求、最高の段階は自己実現欲求で「内的に満たされたい」という思いから出てくるものとする考えです。

説得力のある言葉ですが、私はある時期から、この上に、もう一つ段階があるんじゃないかと思うようになりました。

自分以外の何かのために働き、自分を捧げるという段階が。

『論語』に「三十にして立つ。四十にして惑わず。五十にして天命を知る」という言葉があります。天命、即ち世のため、人のための使命に目覚めるのが、五十歳。五十代の忠敬もまた、この「天命」のために身を粉にして測量をつづけました。

誰かのために、何かのために自分をなげうって貢献するということは、結果として自分もそこから賞賛や名誉を得ることになります。それは偽善だ、それなら自分は何もしない。そういう、過度に潔癖な人が今の社会には多いように思えるのです。

いいえ。それでいいんですよ。

あなたが誰かのために何かをなしたなら、あなたは対価を受け取っていい。自己愛から出発しても、それが結果として誰かのためになる。だからこそ私は、世の人々にもっと自分を大切にしてほしい。

人は自分をもっと愛していいんです。

私が家族のために自分を犠牲にして働いているように見えても、家族は私を支えてくれる。それで私は本当に幸せです。私は自己愛の塊のような人間ですよ。

第16章

組織の鍵はナンバー2にあり〈参謀論〉

豊臣秀長 × 北尾吉孝

（SBIホールディングス代表取締役執行役員社長）

豊臣秀長

孤独なリーダーの理解者となって、
組織をまとめていく。

豊臣秀長は天文九年（一五四〇）、尾張国の農民の家に生まれた。二十代前半、日々農業に勤《いそ》しんでいた秀長に転機がやって来る。織田信長の家臣となっていた兄・秀吉が、秀長を訪ね、武士になるよう誘ったのだ。

以後、秀長は天下人へ上りつめる兄を支え、「陰の立役者」となる。自らは名誉を追い求めることなく、兄の補佐役に徹した。秀吉の代理で大軍を率い、四国攻めや九州攻めを成功させ、トップである秀吉と多くの武将たちの間を取り持った。

温厚な秀長は、「秀吉の弟」という替えの利かないポジションで、家臣からも慕われ、豊臣家になくてはならない存在になる。カリスマ的トップの成功を縁の下で支えたナンバー2の手腕とは？

知恵01

誠実さこそが最大の武器

弟の秀長は、寄り合い所帯である豊臣家臣団の**調整弁**となり、ときに暴走する兄を陰に陽にサポートする。家中に怠りなく目を配り、いざこざがあれば早々に解決し、戦が起これば兵糧の準備、終われば撤収の支度。褒賞に不公平があると聞けば、秀吉に具申する。

永禄九年（一五六六）、美濃国に侵攻しようとしていた織田信長は、秀吉に対し、美濃への足がかりとなる城を築けと命ずる。秀吉は国境を流れる木曽川の対岸に橋頭堡《きょうとうほ》となる城を築こうとするが、そこは敵地のど真ん中。短期決戦で築城を行わなければならない。

当時木曽川には、水運業を営みながら一帯を実効支配していた「川並衆《かわなみしゅう》」という勢力がいた。川並衆のリーダー蜂須賀小六《はちすかころく》は秀吉の口のうまさをかえって怪しみ、協力を断りつづけていた。そこに送り込まれたのが秀長である。

武力で脅し屈服させるか、金銭的な取引を持ちかけるか、秀長のとった交渉術とは……。

ひたすら頭を下げてお願いし、誠意を見せるというもの。これには川並衆も拍子抜け。秀長の生真面目な性格に好意を持ち、協力を約束する。小六はのちに「秀長様に心惹かれたから、秀吉軍に加わった」と語ったとも言われている。

秀吉の手腕を広く知らしめることとなった墨俣《すのまた》における「一夜城」の逸話、この成功は、秀長の誠意によってもたらされた。

知恵
02

あえて怒られ役になれ

明智光秀の謀反により信長が没したあと、後継者争いが勃発する。名乗りをあげたのは秀吉と柴田勝家。この戦いに勝ったものが次の覇権を握ることになる。

両軍は近江国・賤《しず》ヶ《が》岳《たけ》で激突した。

先に動いたのは秀吉だった。秀吉は、勝家に味方する信長の三男・信孝を攻めるため、一万五千の兵を割いて美濃に向かう。

留守を預かるのは秀長である。

秀吉がいないことを知った勝家は、これを天運と見て攻撃を仕掛けるが、そこに突如、秀吉軍が現れる。実は、秀吉が一旦美濃に向かったのは、膠着状態を打破しようとする計略だった。柴田軍に先制攻撃をさせてから叩くという策だったのだ。秀吉軍の迅速な参戦に動揺した勝家は敗走する。

だが、この一連の戦いのなか、最前線を守っていた中川清秀が討ち死にしてしまう。清秀は明智光秀との戦いで大きな手柄をあげた人物だった。秀吉配下の武将たちのあいだで**「秀吉は味方を捨て駒にした」**という不信感が募る。

この空気を察した秀吉は諸将の前で、秀長を呼びつけ、清秀を死なせた落ち度を叱責する。ナンバー2である秀長をこれほど厳しく責めてまで、清秀を惜しんでいる。それを知った武将たちは、秀吉への信頼を回復した。

清秀の死について秀長に責任はなかった。しかし秀長はあえて怒られることを選ぶ。疑心にかられた家臣からの信頼を回復する秀吉一流の策であることを、秀長もまた理解していたからだ。

温厚で寛容な秀長は、豊臣家の名補佐役であり、孤独なリーダーである兄の数少ない理解者であった。

秀長が天正十九年（一五九一）に五十二で死去すると、**秀吉は、たがが外れたように迷走をはじめる**。秀長の死去からわずか一カ月後、千利休が切腹、後継者に迎えていた秀次一族が虐殺され、最古参の家臣の一人であった前野長康も秀次に連座するかたちで切腹させられた。あげく秀吉は朝鮮出兵を強行し全国の諸大名を疲弊させていく。

北尾吉孝

トップの気分を害すること、トップが不利な状況になることでも口に出す。

金融グループSBIホールディングス代表の北尾吉孝。かつて孫正義《そんまさよし》がトップを務める、大手通信会社ソフトバンクのナンバー2として活躍した。

もともと証券会社に勤めていた北尾は、孫にヘッドハンティングされると、幅広い人脈で大口の資金調達に腕を振るう。内外のIT企業との提携や、大型の買収を次々と達成し、孫の事業を発展させた。

孫のビジネスを支えつづけ、現在SBIグループを率いる北尾吉孝は、天下人・豊臣秀吉を支えつづけた秀長の思いをどう読み解くのか?

知恵03

ナンバー2はトップに意見できなければならない

私は慶應義塾大学経済学部を卒業して、野村證券に入社しました。いつの日か野村證券を世界的なインベストメントバンクにするという思いから、必死に仕事に打ち込んできました。ところが野村證券で大不祥事が起こり、自らの進むべき道を改めて考えるべきだと感じていた折に、声をかけてくれたのが孫さんでした。

ソフトバンクにヘッドハントされ、情報通信ビジネスの世界に身を投じたのは平成七年(一九九五)のことです。以来、財務担当役員として、野村時代に培った人脈も活用して資金調達や内外のＩＴ企業との提携、大型の買収に携わりました。

孫さんは将来を見通し、その先に的確な事業を興す。私が退いた後ですが、ボーダフォン買収による携帯電話事業への進出などは彼の事業の中でも大勝負でしたし、見事に成功させました。とてもエネルギッシュで、こうと決めたら実行に移すタイプの人です。

ソフトバンクからの独立後も、「同志」としての親交が今なお続く北尾と孫
（2014年４月／写真本人提供）

私の当時の仕事は、言ってみれば**「孫さんに反対すること」**だったのです。

私自身、現在ＳＢＩグループを率いて思うのですが、参謀の条件とは、大将に忌憚《きたん》なき具申ができること、これに尽きます。

孫さんからこう言われたこともあります。

「北やんは役員会で俺の意見に徹底的に反対する。不満に思うこともある。だけど、あとから振り返って、北やんの言ったことは正しかったというケースがほとんどだ」と。

私の経営哲学、人生哲学にはいつも「中国古典」があるのですが、「功詐《こうさ》は拙誠《せつせい》に如かず」とは、『韓非子』のなかにある言葉で、いかに言葉巧みであっても、誠実であることには決して及ばないという意味です。たとえば、秀長が川並衆への説得工作で愚直に誠実さを見せたように、私もどんな契約や買収においてもウィンウィンをめざしてきました。上司やトップに対しても、その姿勢は貫いてきました。

誠実は、ある意味とても難しい。

「嘘をつかないこと」なら簡単なのです。もし相手に対して批判的な気持ちを抱いていたとしても、黙っていればいい。口に出さなければ嘘にはならない。

誠実であるというのは、こちらが望むことを相手にはっきりと伝えること、それがときに**トップの気分を害すること、トップが不利な状況になることであっても、おもねることなく口に出す**。それが誠実さです。

●誰もが主張できる社風を醸成する

参謀だけでなく、組織に属する個人が自分の意見をしっかり持ち、かつそれを発信することができなければ強い組織は実現できません。

かつての封建制のような身分制度は、現代においてなくなったものの、会社組織のなかでは役職という上下関係もあって、平社員が重役に意見を述べる機会というのはほとんどないでしょう。

しかし理想は、すべての人が対等に自己主張できる関係です。そういう風土を醸成していかないと組織のトップはいずれ裸の王様になってしまう。

私は野村時代から、SBIホールディングスの社長になってからも、一貫して社員や部下に**「自分が何者で、私の役職がどうあろうと、言いたいことがあったらいつでも言いなさい」**と言ってきました。

実際、うちの社員は私にきちんと意見を伝えてきます。

知恵04
トップに意見するときの二通りのやり方

目上の人に意見を伝えることを諫言《かんげん》と言います。

中国では、「直諫《ちょっかん》」「諷諫《ふうかん》」、二つのやり方があります。

「直諫」は、直接的な物言いで諫《いさ》めること。これはトップの逆鱗に触れる懸念があります。対する「諷諫」というのは、たとえ話を用いて主君に進言するとか、**「こうした考え方もあります」**という形で、あくまでも主君に判断を任せメンツを立てつつ判断を仰ぐことです。

私は直諫もしましたが、諷諫もしました。幸いにして私は江戸末期の儒学者・北尾墨香《ぼっこう》を先祖とする家系に生まれたので、子どもの頃から父親の影響で折に触れて『論語』に親しんできました。例えば孫さんにも、「こういう言葉知ってる？」と孔子や老子の言葉を引用しながら、婉曲に自分の意見を伝えたこともあります。

もちろんそれには、トップから**「この人の意見は聞いておいたほうがいい」**と信頼されていることが大前提。参謀は卓越した先見の明を備えていなければならないし、そのための訓練を日頃から怠ってはいけません。

上司への意見の仕方は、直諫と諷諫がある

北尾吉孝

リスクが顕在化してから具申していたのでは、参謀失格です。

知恵05 ナンバー2はトップと志念を共有する

組織は多様性を保持しなければ、命脈を保つことはできません。

とくに役員や経営陣に、いろいろな考え方の人材を揃えておくことは必須です。攻めの経営に寄り過ぎてリスクマネジメントがおろそかになってもいけないし、守ってばかりでは先細る。さらに、組織の発展段階に応じて必要な人材は変わってきます。

「貞観政要《じょうがんせいよう》」という唐の太宗《たいそう》の言行録に、草創と守成はどちらが難しいかという問答がある。いわば創業することと、それを守っていくのはどちらが難しいかということです。

乱世のなかをトップと一緒に戦い抜く人材、これは創業期に必要ですね。事業の立ち上げに際して革新的なアイデアを持ち、夢に燃えている人です。

しかし、一度国や城を打ち立てたなら、今度は**それを治めることに長けた人物が必要**になります。経営の安定、事業の拡大のためには、また違った人材が必要になる。

とは言うものの、ナンバー2にとって大切なことは、トップの志念をいかに共有できるかということです。それがナンバー2には絶対に必要なことです。孫さんは、インターネットという新しいツールを使えば多くの人に情報を安価に提供し、社会をより良く変革できるから一緒にやらないかと誘ってくれました。私も孫さんの志念に共鳴し、ソフトバンクに参画しました。

何かを成し遂げるトップというのは、いつも人を引きつける魅力的な志念を提示することができます。

私は信長という人も、そういう優れた一人だったと思います。**彼には志念があった。**天下統一の後、この国をどうしていくか、商人資本の台頭と、貨幣経済の発達を見通していたんじゃないか、彼の軌跡を見ていくとそう思えるのです。

しかし、秀吉にはそういった天下統一後の具体的な国づくりのビジョンが欠けていた。

「ご恩と奉公」の時代から変わらず、合戦を仕掛けて奪った土地を配下の武将へ再分配する。国土には当然限りがあるのだから、朝鮮出兵という無謀な施策にも出た。だからこそ志念を持っていた秀長というナンバー2の存在は余計に大きかったでしょうね。

秀吉が攻め滅ぼし配下に従えた国を秀長が歩いてまわり、いわば地固めをしていった、こういうマネジメントができたのが秀長の優れた資質です。

現代のビジネスでも同じで、単に企業を買収するだけなら、お金さえあれば誰でもできる。しかし**本当に難しいのは買収したあと、その企業をいかにマネージしていくか**です。経営者の手腕が問われるのはそこですし、そのためにナンバー2が市場の動向を分析し、その会社の事業をどう舵取りすべきか具申する。ビジョンがなければ企業買収は決して成功しません。

秀長が生きていたら、その後の豊臣家の命運は変わっていたというのもうなずけます。偉大なリーダーの陰で目立たずとも、ナンバー2が果たす役割はこれほど大きいのです。

知恵06 ナンバー2は徳性の高い人格者でなければならない

私がソフトバンクに入った当時、ソフトバンクはある銀行との取引がありませんでした。

孫さんになぜかと訊ねたら、昔、行き違ったことがあって、以来取引をやめたと。

私は「そういう人はどこの世界にもいる。日本一、世界一を目指しているあなたがたかだか一人のために、その銀行とつきあわないでどうするの？」と言うと、孫さんは翌日、「わかった、然るべき人に会わせてほしい」と言ってきた。

こういうところが孫さんらしい点です。

『論語』に「徳は孤ならず必ず隣あり」という言葉があって、高い人徳を備えた人は、同じ様に徳性の高い人がまわりに集い、孤独になることはないという意味です。トップやナンバー2が高い徳を備えていれば、優秀な人が集い企業発展の礎となります。

また、高い人徳の一要素として、「中庸の徳」も挙げておきます。中庸とは〝バランス〟です。

「知・情・意」と、人の心は知恵と感情と意志の三つに大別されます。

ナンバー2は、リーダーに具申するためのすぐれた見識と、恐れない意志を備えつつ、情をもってトップを支え、部下を励ますことが肝要です。

これら三つを高い次元で備えていなければならない、難しいポジションです。しかし、ナンバー2は、そういう重責を担うものなのです。

第17章

失敗の副産物を見逃すな〈イノベーションの起こし方〉

平賀源内 × 駒村純一

（森下仁丹代表取締役社長）

平賀源内

ボールは一度地面に
打ちつけられることで、高く跳ね上がる。
失敗を恐れてはいけない。

江戸時代のなかば、一人の大天才がいた。平賀源内。エレキテル（摩擦電気発生機）の発明で知られ、ほかにも数々の分野でイノベーションを起こし、「江戸のレオナルド・ダ・ヴィンチ」と称される。

たとえば歩数計。西洋の科学がほとんど知られていなかった江戸時代に、源内は独自の工夫と「真似る」ことで、この機械を完成させてしまう。

単色刷りが主流だった浮世絵で、多色刷りの技術を開発したのも源内だった。この浮世絵の構図や色調が印象派の画家たちに影響を与え、西洋美術の発展に大きな足跡を残したことはよく知られている。

寒暖計、製糖技術、火浣布《かかんぷ》と呼ばれる石綿をまぜて織った布、商売から芸術まであらゆる分野で多くの技術革新を起こし、江戸の世を変えていった源内。だが、その発想の源には、成功よりもはるかに多い失敗があったことはあまり知られていない。失敗のたびに何かをつかんで立ち上がっていく源内の人生にこそ、イノベーションの種が埋まっている。

知恵01 怒りを原動力に変える

源内は四国高松藩の本草学者《ほんぞう》、今で言う「薬学」の専門家だった。十代から頭角をあらわした源内は、本草学を好んだ藩主に気に入られ、二十代で藩直営の薬草園の責任者に抜擢、二十五歳で長崎遊学を命ぜられるなど将来を嘱望されていた。

だが当時、最先端の文化が入ってきていた長崎の交易の様子を見て、源内は怒りを覚える。多くの輸入品が、船来品というだけで不当なほど高価な値段で取引されていた。なかでも、源内を憤慨させたのは薬草だった。

たとえば、朝鮮人参は一斤《きん》（六〇〇グラム）で、今の価格でいうと二百万円以上の値がつけられ、だまされて薬効のないものを掴まされる者があとを絶たなかった。本草学に詳しい源内は鑑定を依頼されることも多く、取引の実態を目の当たりにしたのだった。

「知らないから、だまされる」。忸怩《じくじ》たる思いを抱えたまま、高松に戻った源内は一念発起。役職を返上し、浪人となって江戸に向かった。

当時、本草学は老中・田沼意次《おきつぐ》の奨励もあって全国的なブームとなっていたが、「一門」と称するグループを組んで社中に閉じこもり、実情は内輪で薬草を見せ合うことに終始していた。

「一人の持っている技術や知識は限界がある。多数の専門家、愛好家が所属、身分を問わず集まって、珍品を持ち寄って研究し合えば、知識はいっぺんに広く深くなる」

そう考えた源内は、全国の珍しい薬品を集め、実物に即した知識や情報を交換する薬品会《やくひんえ》という物産展を企画する。そしてそこに複数の「一門」を巻き込んだのである。

宝暦七年（一七五七）七月に、本郷湯島で開かれた第一回薬品会には、二十一人から百八十種が出品され、多くの人が詰めかけ大成功を収めた。

源内は、薬品会を継続し、新たな参加者を積極的に迎え入れた。遠方の愛好家にも門戸を開放するため、全国二十五カ所の薬種問屋などに「取次所」を委託。わざわざ江戸まで来なくても、取次所まで品物を持ち込めば、あとは着払いで江戸の源内のもとに届くシステムまで作りあげる。

宝暦十二年（一七六二）、湯島で開催された第五回薬品会には、**全国三十余カ国か**

平賀源内が作ったと言われる歩数計。脇には「平賀」と彫られている。
（香川県坂出市／鎌田共済会郷土博物館所蔵）

ら千三百種の動植物や鉱物が集まった。

薬品会の開催は、源内自身にいくつもの副産物をもたらした。薬品会を主催している期間中に伊豆からよせられた情報によって、国内にはないと思われていた「芒《ぼう》消《しょう》」（下剤）を発見。上総《かずさ》の片田舎の好学の徒も同様の薬をわざわざ江戸の源内宅まで届けてくれた。しかも源内はそれら無名の三百六十人の人々の貢献を、薬品会最終報告書の「物類品隲《ぶつるいひんしつ》」のなかに公平に書き残している。

さらに、この会により、江戸在住の同志との交友の輪を広げることができた。第一回目の薬品会で得た友人のなかには、のちに『解体新書』を翻訳する、当時十九歳の小浜藩医・中川淳庵、二十六歳の同藩杉田玄白もいた。

知恵 02 自由な語らいのなかにヒントがある

源内は、本草家とは異なる人々との交流も積極的に行っている。

宝暦十三年（一七六三）に、源内は『根南志具佐《ねなしぐさ》』と『風流志道軒伝《ふうりゅうしどうけんでん》』という戯作を同時に出版したが、この二冊は、源内が住んでいて神田白壁町《しらかべちょう》の貸本屋・岡本利《り》兵衛《へえ》が版元となった。

利兵衛は、源内の世相や風俗をとらえる鋭い風刺的感覚が、天下泰平にうんざりしている江戸庶民に喜ばれると考え、執筆をすすめたのである。

利兵衛の目算どおり、地獄で山師たちが暗躍する源内の滑稽読物は、江戸の庶民に好評を博し、源内は以後、いくつもの短篇戯文、浄瑠璃台本を書いていく。「物類品隲」の本草学者は、同じ年のうちに、たちまち大江戸の流行作家にもなっていったのである。

●江戸のダ・ヴィンチを生んだ土壌とは?

源内の神田の自宅は職人から武士まで様々な身分・分野の人々が集う文化的サロンになっていた。あらゆることに興味を持ち、知恵を見せる源内のもとに、自然と一芸に秀でた面白い人たちが集まるようになったのである。また源内は、玄白らと共に、毎春江戸に参府するオランダ商館長一行の宿舎を訪ねて、旺盛に西洋の新知識を学んだ。

源内は長屋の居間で車座になって語らうなかから、自分でも新しいアイデアを拾うことを好んだ。**気楽にしゃべる言葉のなかにこそ思わぬヒントが隠されていた**からである。利兵衛との出会いもそうしたなかで生まれた。

学芸と好奇心と遊びが一体となった自由な発想の競い合いのなかから「江戸のダ・ヴィンチ」が生まれたのである。

知恵03

模倣のなかからオリジナリティが生まれる

源内の発明は、真似ることから始めたものが意外と多い。

源内の代名詞「エレキテル」は、元々オランダ人が日本に持ち込んで壊れたままになっていたものを、源内が苦心惨憺して復元に成功したものだった。

ハンドルを回すとガラスと金属が擦《こす》れ合って静電気が発生する仕組みの「エレキテル」を、源内は医療器具として宣伝。**「電気の刺激で体の毒素が消える」**という謳い文句で大名や豪商の前で実演し、見物料で儲けた。

他にも源内は西洋人が持ち込んだ器具を見るや、次々と真似た。源内が作った歩数計や寒暖計テルモメーターは、長崎で通訳が見せてくれたり、江戸に来たオランダ館員が見せてくれたものを、勘と想像力で原理を見抜き作り上げたものである。

真似の名人、源内。しかし、源内にとって、真似ることは**単なる模倣ではなく「学び」**だった。徹底的に真似ることで原理や構造を見抜き、そこに自分の工夫を加えて

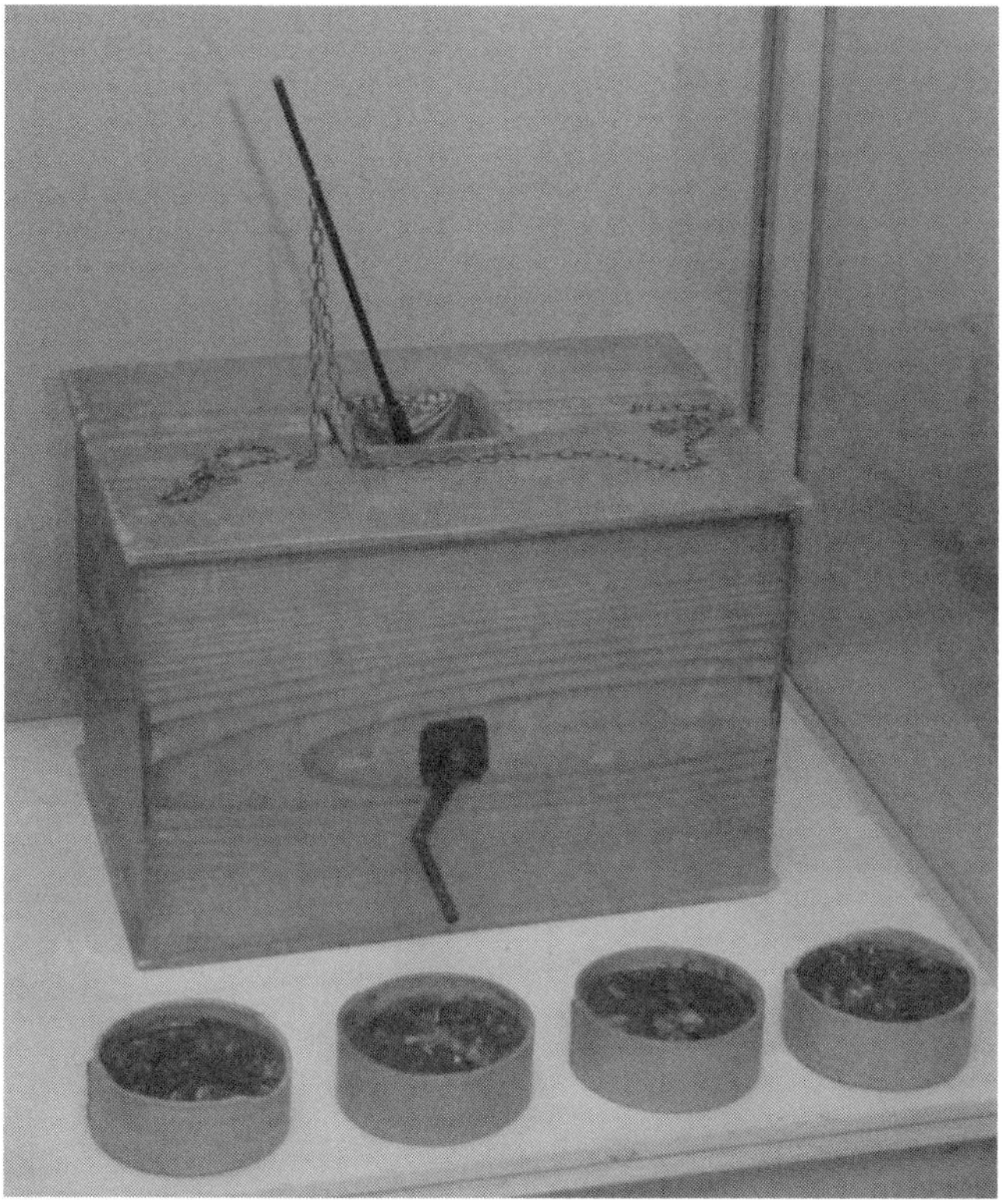

香川県さぬき市の平賀源内記念館にあるエレキテル（市指定文化財）。平賀家には源内制作とされるエレキテルが２台あると伝えられ、１台（重要文化財）は東京の郵政博物館にある。

世に出したのだ。

源内が生んだ「源内焼」は、中国陶器の「唐三彩《とうさんさい》」の風合いを真似たものである。だが、源内は唐三彩が、轆轤《ろくろ》を使い手作業で形を整える工程を、粘土を「型」に押し付けて仕上げるやり方に変え、安価な大量生産を可能にした。

さらに、日本地図やアメリカ大陸の図案を用いた意匠で、唐三彩とは全く別の陶器を作りだしたのである。

「源内焼」は日本の新しい輸出品として人気を博し、今でもボストン美術館にはその一部が収蔵されている。

知恵04 失敗の副産物を見逃すな

その工夫と実験と発明によって後世に名を残した源内だが、取り組んだ試みのうち**成功は二割程度だった**と言われている。

博物学、戯作小説、鉱山開発、電気工学、西洋画など多くの分野に手を広げた源内だが、成功したことを安穏とつづければ失敗はしないと分かっていただろう。だが源内は違った。

何事も初めは失敗する。いくつも失敗をしているうちに道は開けてくる。だから、小賢しく同じことを繰り返して満足している奴は、何もせず待っていることと同じだ。賢くあろうとするな、愚かであれ。

源内は、スティーブ・ジョブズのごとく、新しい領域に挑むことを止めなかった。そのため、源内の成功には、失敗の副産物が多くある。

明和七年（一七七〇）、源内は武蔵国秩父の山中で鉄鉱石を発見。木炭を大量に買い集め、日本初の高炉による製鉄に挑戦した。しかし、木炭では鉱石を溶かすほどの高温が得られず、借金と山のように積まれた木炭だけが残された。

しかし、ここで諦めないのが源内である。

鉄の運搬のために計画していた荒川のインフラ整備はそのまま進め、木炭を川で江戸に運び売りさばいた。この事業は大成功を収め、一年後には三万俵の炭が出荷されたといわれている。

源内の代名詞といえるエレキテルも失敗の副産物だった。源内は明和七年、二度目の長崎遊学で、十六世紀のフランドル人・ドドネウスの『紅毛本草』の翻訳に挑戦する。しかし、オランダ語を習得できず、敗北感に打ちのめされながら、抱えて帰ったのが、出島に打ち捨てられていたエレキテルだった。源内はこのエレキテルの構造を研究し、お得意の「真似」で、独自のエレキテルを作り上げる。

源内は家族に宛てた手紙にこう書いている。

「鞠《まり》も落《おち》ねば上《あが》り不申候《もうさずそうろう》」

源内一流の名文句。**ボールは一度地面に打ちつけられることで、高く跳ね上がる。**

失敗を恐れない勇気、敢為《かんい》の精神こそ、源内流成功の秘訣だった。

駒村純一

失敗した事業をすぐ廃止しない。機が熟すのを待ち、タイミングが来たら再開する。

平成十九年（二〇〇七）、老舗《しにせ》製薬会社・森下仁丹の社長として、駒村純一が就任したとき、会社は主力製品である仁丹の売り上げが不振で、三十億円もの赤字を計上していた。しかし社員たちは老舗ブランドを過信し、危機意識を持っていなかった。

そこで立て直しを依頼されたのが、商社マンとして海外に長く赴任し、現地企業の業績を回復させてきた駒村だった。仁丹の強みは、物を包むというカプセル技術だった。それまで医薬品や食品を包んだカプセル商品しか作ってこなかったが、駒村は異分野に目を向ける。そして前代未聞のレアメタル回収カプセルやシロアリ駆除カプセルを開発するのだった。

こうした技術革新によって会社の業績はV字回復する。世界各国からも注目され、取引先は百五十社に及ぶ。イノベーションによって会社の立て直しに成功した駒村は、平賀源内の知恵をどのように読み解くのか?

知恵05 自分が持っている強みを、もう一度、棚卸しする

口中清涼品である仁丹は、十六種類の生薬を銀箔でコーティングし、内容成分を安定化させてお客様の口のなかまでお届けします。私はこの「物を包む」という技術、仁丹という会社が長年培ってきた強みに改めて注目しました。私はもともと化学屋で、高分子化学が専門です。この技術を食品だけでなく、異分野へ用途を広げられないか、産業用に応用できないだろうかと考えました。

このコ**ーティング技術**を高めてできたのが「仁丹カプセル」という**シームレスカプ**

セルです。これは、他のカプセルと違ってつなぎ目がないため薄くて小さく、粉末だけでなく液体などを入れることもできる優れたものです。

たとえば、**レアメタルを回収するためのカプセル**もできました。

パソコンや携帯電話、テレビなどの電化製品のなかにある電子基板には、金やパラジウムなどのレアメタルが使われています。しかし電化製品が処分されるときに、それらのレアメタルはリサイクルされずに破棄されていました。

そこで私たちは、シームレスカプセルに、レアメタルを吸収する性質を持つ微生物を入れました。それをレアメタルを含んだ液体の中に入れます。するとカプセルがレアメタルだけを回収してくれるのです。

カプセルというのは、何かを包むだけでなく、逆に**外から物を引きずり込む器にもなる**。そのように発想を転換することで生まれたこの技術で特許を取り、森下仁丹の業績はV字回復しました。

知恵06 異業種の見解に発想の「種」がある

物の見方を変え、自由な発想で革新をするには、単一の技術だけでは限界がありま

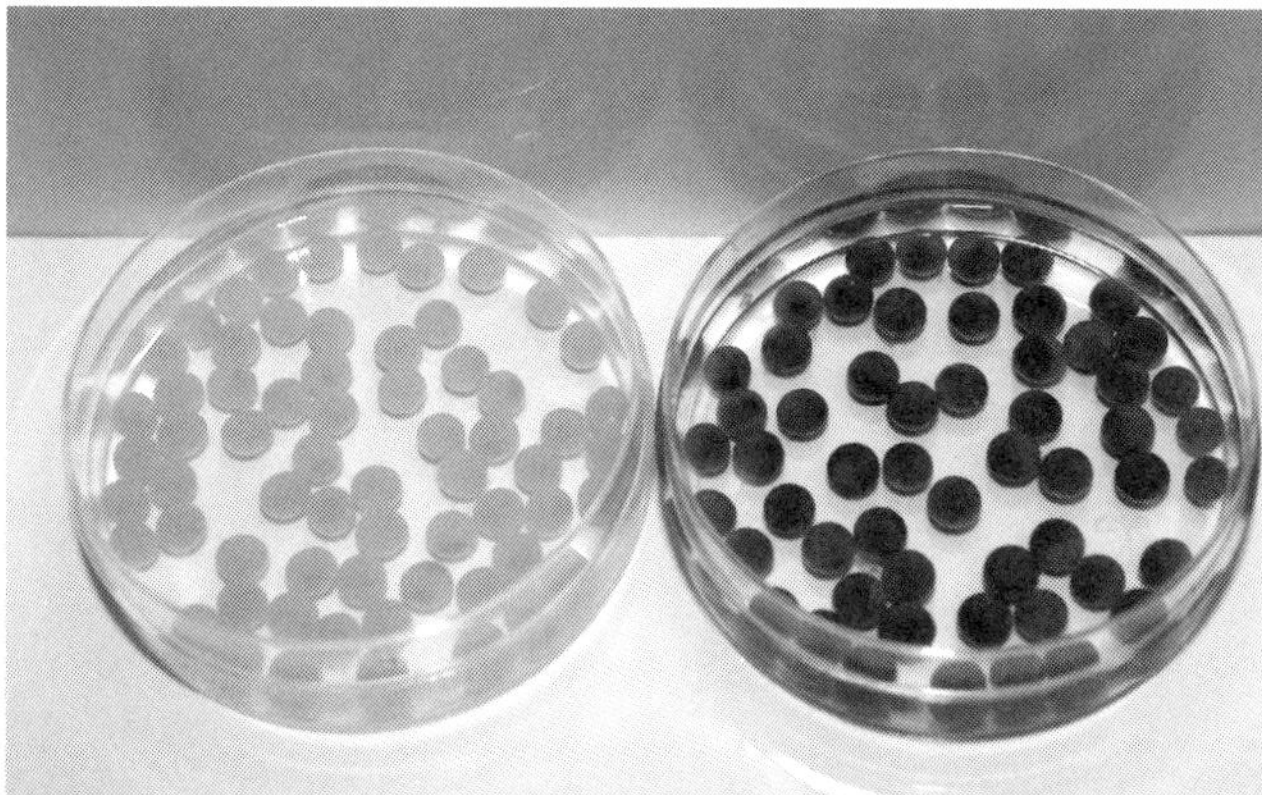

上の写真は、左がレアメタルを回収する前のカプセル、右が回収後のカプセル。下の写真は、駆除剤を包んだシロアリ駆除カプセル（疑似卵）。女王アリが産んだ卵をアリが育室に持ち帰って世話をする習性に着目。駆除剤を大量に散布する必要がなくなり、環境への影響が減った。（写真／森下仁丹提供）

す。そこで新たな視点、「異種」を取り入れること、それも**1+1=2以上になるような業種や分野に対して、常に目を開いておくこと**が大事になってきます。

源内も、薬品会を本草学の、ある一門だけで開くのではなく、複数のグループを巻き込んで企画し、その結果、当時の日本にはないとされていた「芒消」を発見しました。彼の自宅は多様な分野の人が集まるサロンのような空間だったとも。組織にとっても何か新しいことをするには、このような**異業種との交わり**が不可欠です。

私も、できるだけ違う分野の人と交流し、その人たちがどのように物事を見ているのかを知るようにしています。たとえばクラシック音楽の指揮者など、実業とほとんど関係のない分野のスペシャリストとの会話から得る知見は本当に多彩で、目を見開かされることも多いのです。

私が社長になったときは社員に、自分の好きなことでもいいし、サブカルチャーっぽい分野でもいい、異業種交流を義務づけました。

●解決策が降ってくる？

この異業種交流は功利主義でやってはダメです。最終的にそこから発想の「種」を拾うにしろ、**「これをきっかけにビジネスに結びつけよう」という狙いは持たないこ**

と。狙い過ぎるとフレキシビリティに欠け、発見につながらない。みなで遊び感覚で対話するほうが、そのなかから得られる「種」も増えるものです。

そうやって持ち帰った種が後から芽吹くのです。

ある課題に取り組んでいる最中に、全く別の話題のなかで話していたことがヒントになって、新しい発想に結びつく。すると、どうなるか。自分の頭がどんどん柔らかくなっていく。

源内が多様な分野の人士と交流したというのも、発明家の本能的な部分がそうさせたのでしょうね。

同じ問題でも、業種が違うと全く見解が違いますから、そういった異分野の人との交流で得たヒントから思いもよらなかったアイデアが誕生します。自分で今まで必死に探しても見つからなかった解決策が、自然に降ってくるように。

知恵07

失敗したら、しばらく寝かせる

源内は「何度も失敗するうちに道が開けてくる」と言っていますが、全く同感です。「挑戦に失敗はつきもの。絶対に失敗しないチャレンジなどない」ということを、新しい製品を開発しようとする人は頭の片隅にとどめておいてほしい。

一方で、イノベーションを目指すなら、「やめる見極め」というのも大事です。ただ、それを失敗のまま終わらせないように気をつけること。

うまくいかなかったプロジェクトでも、失敗の原因は時代の流れとタイミングが合わなかっただけ、ということがあります。失敗した事業を**すぐに廃止するのではなく、機が熟すのを待ちタイミングが来たら、それをぱっと再開**する。

あるとき、メタボ対応の栄養指導をする事業をやろうとしました。ところが健康保険組合の財政問題などもあって事業としての伸びは期待できませんでした。しかし、その際に交流ができた漢方関係の方から薬膳の効用を教わり、強い興味を持ちました。そこで方針転換です。お互いが持っている強みを出し合い漢方を配合したカレーを共同開発しました。「仁丹の食養生カレー」という名前で売り出したところ、結構な売上げになっているのです。

先ほどのレアメタルを吸収するシームレスカプセルもそうです。カプセルを食品用にしか考えていなかったときは頭打ちで、**しばらく寝かせていた技術**でした。それを産業用に転化することで道が開けたのです。自分が持っているものを、もう一度棚卸しするということも、非常に大事です。

知恵08

真似するなかに独自の工夫を

「猿真似」という言葉があるように、真似ることには否定的なイメージもありますが、私はそんなことは全くないと思います。真似をすることで、先達が作った製品の価値を、後進の我々は学ぶことができる。

そのとき、既存の製品を杓子定規に模倣するのではなく「いいものを取り入れて学ぼう。**さらにそこにプラスアルファ**してやろう」という気持ちで真似ることが大事なのです。

唐三彩を真似た「源内焼」は、轆轤《ろくろ》を使わず、粘土を型に押し付けて作るという源内独自の工夫を加えることで、安価な大量生産を可能にしました。

源内という人は真似しながら、いつもそういう工夫を盛り込む志を持っていたのではないでしょうか。そして、その源内の志が新しい需要を生み出していったのです。

●六勝四敗を目指す

源内が失敗を恐れなかったように、私たちも成功することに縛られすぎてはいけません。自分がわくわくすること、あるいは大きな志を持ってする挑戦は楽しいものです。

そうやって挑戦しながら、私は会社経営をおおまかに**「六勝四敗」**になるよう舵取りしています。五勝五敗だと現状維持、四勝六敗では会社が沈んでしまいますが、四敗しても六勝できれば勝ち越せます。

毬が跳ね上がるのは、一度地面に叩きつけられるからだという源内の言葉を思い出しましょう。そうであるなら**挑戦しないことは罪**です。地面に強く叩きつけられるほど、毬は空高く上がります。

「知恵泉」鑑賞ガイド　「あとがき」にかえて

井上二郎（NHKアナウンサー）

「知恵『いずみ』、見ているよ」
「知恵『せん』、いいねえ」
よくお声を頂いています。本当にありがたいことなんです。ただ、店の名は、「ちえいず」なんです……。私の努力不足ではございますが、まだまだご存じない方もいらっしゃるかもしれません。そんな方のために、毎週火曜日にEテレで放送中の「先人たちの底力　知恵泉」についてご紹介させていただきます。この本と合わせてご覧いただければ、より深く、知恵を堪能できますよ！

あっ、申しおくれました。私、歴史酒場「知恵泉」店主、井上二郎でございます。NHKアナウンサーは世をしのぶ仮の姿、各時代、各地からとっておきの歴史の知恵を仕入れ、お出ししています。

その味わいをさらに深めてくれるのは、日本を代表するトップランナーの方々。それは凄い「現代の仕事人」たちです。この本でご紹介した以外にも、オリックス元会

新規プロジェクト必勝法

長宮内義彦さん、クリエーターの佐藤可士和さん、元プロ野球選手古田敦也さん、世界的建築家の隈研吾さんなどなど……。贅沢ですよね～。これもひとえに、店主の魅力でしょうか。……すいません。

思い返せばこのお店がオープンしたのが、二〇一三年（平成二十五）四月のこと。こんこんと溢れ出る先人たちの知恵に魅せられ、なんとか多くの皆様に楽しんでいただけないかと考えておりました。しかし、ただお出しするだけでは料理人の名折れ。そこで思いついたのが「現代の叡智」という調味料を加えることでした。そして誕生したのが、日本でたった一軒の〝歴史の知恵〟と〝現代の知恵〟が響き合う店。「人生は　悩みを背負って　生きるもの」。迷い、立ち止まることの多い現代の私たちに、その道しるべとなる珠玉の知恵をお届けし、放送は七十四回を重ねました。

毎回毎回、仕込みは万端！　出来る限りの準備はやったと店を開けますが、始まると、作務衣の下は汗でびっしょりです。思わぬ方向に飛び交う話、想定と違う展開。時に「店が流行っていない」とイジられ、時に「店主がネガティブすぎる」と一斉に突っ込まれ、もう大変。

でも毎回、湧き立つような感動を覚える瞬間があります。先人たちの知恵と、現代の仕事人の知恵が、まさに響き合う瞬間が！　新たな知恵が湧き出る瞬間が!!

「デッサンは、一本の線では完成しない。描き込まれた何本もの線は失敗ではなく、全体を描くために必要なもの」「本気で本音を話すこと。人間の信頼関係が物事を突破させる」「声が大きい人が全員ではない。実は声なき味方が沢山いることを認識しよう」「自分の役割は何なのか。自分に対して人が期待していることは何なのか。期待にこたえることこそ、自分の競争力になり、強みになる」「いろんなノウハウが溢れているけど、やっぱりその奥にあるのは『勇気』」……。宝物のような言葉の数々に出会えました。

で、気づいたんです。私がこの店に成長させてもらっている、と。ありがとう、知恵泉。

こんな素敵なお話だけでもお腹いっぱいですが、毎回の知恵にちなんだお料理も見逃せません！　フグやアワビなどの高級食材から、今川焼に胡椒をかけた珍メニューまで、お客様を飽きさせない品々でおもてなし。そして店内にずらっと掲げられた、ひねりの効いたお品書き。あと、店主の小芝居も……。

とにもかくにも、人生に役立つ知恵満載の「知恵泉」。仕事人、専門家、タレントさんと共に、「テレビの前の四番目のお客様」として、皆様、是非お越しくださいませ！

「江戸を救え! 松平信綱のピンチ脱出法(後編)」
2013年9月24日放送 【監修:山本博文(東京大学史料編纂所教授)】

第11章「漱石先生への手紙 夏目漱石 若者の能力を引き出す法(前編)」
2013年10月1日放送 【監修:島田雅彦(作家)】

「文壇の名プロデューサー 夏目漱石 若者の能力を引き出す法(後編)」
2013年10月8日放送 【監修:島田雅彦(作家)】

第12章「鍋島直正 人を育て能力を引き出せ(前編)」
2013年10月15日放送 【監修:大園隆二郎(元佐賀県立図書館近世資料編纂室長)】

「鍋島直正 人を育て能力を引き出せ(後編)」
2013年10月22日放送 【監修:大園隆二郎(元佐賀県立図書館近世資料編纂室長)】

第13章「徳川家康(前編) 信長型上司とのつきあい方」
2013年11月5日放送 【監修:磯田道史(静岡文化芸術大学文化政策学部教授)】

「徳川家康(後編) 秀吉型上司とのつきあい方」
2013年11月12日放送 【監修:磯田道史(静岡文化芸術大学文化政策学部教授)】

第14章「西郷流! こじれた人間関係解消法(前編)」
2013年11月19日放送 【監修:北 康利(作家)】

「西郷流! こじれた人間関係解消法(後編)」

2013年11月26日放送 【監修:北 康利(作家)】

第15章「最先端を手に入れろ 伊能忠敬(前編)」
2013年12月17日放送 【監修:大石 学(東京学芸大学教授)】

「家族や仲間の支持を集めろ 伊能忠敬(後編)」
2013年12月24日放送 【監修:大石 学(東京学芸大学教授)】

第16章「弟の覚悟 豊臣秀長のナンバー2力」
2014年1月28日放送 【監修:本郷和人(東京大学史料編纂所教授)】

第17章「江戸の大天才 平賀源内 イノベーションの起こし方(前編)」
2014年3月4日放送 【監修:芳賀 徹(静岡県立美術館長 東京大学名誉教授)】

「無駄なものにヒントあり 平賀源内 イノベーションの起こし方(後編)」
2014年3月11日放送 【監修:芳賀 徹(静岡県立美術館長 東京大学名誉教授)】

第1章「やる気にさせれば人は動く！ 武田信玄の人材活用術（前編）」
2013年5月21日放送 【監修：本郷和人（東京大学史料編纂所教授）】

「戦国最強軍団は“渋柿”の集合体? 武田信玄の人材活用術（後編）」
2013年5月28日放送 【監修:本郷和人（東京大学史料編纂所教授）】

第2章「松下幸之助の人材活用術（前編）“問題児”をエースに変える」
2013年5月7日放送 【監修：北 康利（作家）】

「松下幸之助の人材活用術（後編）“神様”の指導法とは?」
2013年5月14日放送 【監修：北 康利（作家）】

第3章「戦国のハードネゴシエーター 太原雪斎の交渉術」
2013年6月4日放送 【監修：小和田哲男（歴史学者・静岡大学名誉教授）】

第4章「幕末の外交官 アメリカと対峙する 岩瀬忠震の交渉術」
2013年6月11日放送 【監修：犬塚孝明（鹿児島純心女子大学名誉教授）】

第5章「負けて“勝”（前編）勝海舟 逆転の交渉術」
2013年6月18日放送 【監修：安藤優一郎（歴史家）】

「負けて“勝”（後編）勝海舟 江戸無血開城の交渉術」
2013年6月25日放送 【監修：安藤優一郎（歴史家）】

第6章「決め手は不満解消 織田信長 既得権を打ち破れ」
2013年7月2日放送 【監修：安部龍太郎（作家）】

第7章「ライバルに無いものを極めろ! 長谷川等伯 既得権を打ち破れ」
2013年7月9日放送 【監修：安部龍太郎（作家）】

第8章 スペシャル「信長の城革命 天下統一への知られざる戦略」
2013年8月27日放送 【監修：本郷和人（東京大学史料編纂所教授）】

第9章「逃げない男 直江兼続のピンチ脱出法（前編）」
2013年9月3日放送 【監修：本郷和人（東京大学史料編纂所教授）】

「一人もリストラするな！ 直江兼続のピンチ脱出法（後編）」
2013年9月10日放送 【監修：本郷和人（東京大学史料編纂所教授）】

第10章「戦乱の世に戻すな！ 松平信綱のピンチ脱出法（前編）」
2013年9月17日放送 【監修：山本博文（東京大学史料編纂所教授）】

［番組制作スタッフ］

司　会　井上 二郎

ディレクター　藤波 重成
高木 秀也
柿本 健一
森田 健司
酒井 邦博
中村 玲子
尾上 哲哉
松原 翔
津川 明久
加藤 敏浩（テレビマンユニオン）
菊池 喜孝（テレコムスタッフ）
山口 浩（テレコムスタッフ）
木下 洋輔（テレコムスタッフ）
黒田 由布子（テレビマンユニオン）

リサーチャー　長峰 麻妃子
及川 悠理
田中 なづき（テレコムスタッフ）

デスク　星井 渉
西田 周平
吉村 恵美
黒田 健一
長沼 若子

プロデューサー　横山 敏子（テレコムスタッフ）
高橋 才也（テレビマンユニオン）

制作統括　齋藤 圭介
井上 律
加藤 善正
上村 晴彦

タイトル映像　牧野 惇
アニメーション　大谷 太郎
音　楽　上畑 正和
やまだ 豊

制　作　NHKエデュケーショナル
制作・著作　NHK

［書籍制作スタッフ］

ブックデザイン　泉沢光雄

写真提供　朝日新聞社
高野山持明院（武田信玄）
臨済寺（太原雪斎）
新城市設楽原歴史資料館（岩瀬忠震）
長興寺（織田信長）
米沢市上杉博物館（直江兼続）
平林寺（松平信綱）
神奈川近代文学館（夏目漱石）
公益財団法人鍋島報效会（鍋島直正）
大阪城天守閣（徳川家康）
伊能忠敬記念館（伊能忠敬）
春岳院（豊臣秀長）
慶應義塾大学三田メディアセンター（平賀源内）

構　成　藤沼　亮
吉田朝子

本文図版作成　フジ企画

本文イラスト　吉田明二子

編　集　斎藤順一（朝日新聞出版）

デスク　宇都宮健太朗（朝日新聞出版）

結《けつ》果《か》を出《だ》すリーダーが知《し》っている歴《れき》史《し》人《じん》物《ぶつ》の知《ち》恵《え》

2015年2月28日　第1刷発行

著　　者　NHK「先人《せんじん》たちの底力《そこぢから》　知恵泉《ちえいず》」番組制作班《ばんぐみせいさくはん》
発 行 者　首藤由之
発 行 所　朝日新聞出版
　　　　　〒104－8011　東京都中央区築地5－3－2
　　　　　電話　03－5541－8832（編集）
　　　　　　　　03－5540－7793（販売）
印刷製本　中央精版印刷株式会社

ISBN978-4-02-251260-4
定価はカバーに表示してあります

落丁・乱丁の場合は弊社業務部（電話03－5540－7800）へご連絡ください。
送料弊社負担にてお取り替えいたします。